Le Livre de la Chance

Bonne ou Mauvaise

Papus

Copyright © 2022 **PAPUS** (domaine public)
Édition : BoD – Books on Demand, info@bod.fr
Impression : BoD – Books on Demand, In de Tarpen 42, Norderstedt (Allemagne)
Impression à la demande
ISBN : 978-2-3224-2389-7
Dépôt légal : mai 2022

La Chance.

La première question à résoudre est la suivante :

Avez-vous de la chance ?

Si vous n'en avez pas, est-ce réel ou n'est-ce pas que vous croyez ne pas en avoir, alors que vous en avez réellement ?

Si vous avez de la Chance, rien de plus simple, puisqu'il suffit seulement de la conserver. La dernière partie de ce petit volume est consacrée à la solution de cette question.

Si vous n'avez pas de Chance, il faut tout d'abord vous demander d'après quelles indications vous portez ce diagnostic.

En effet, il arrive le plus souvent qu'on se compare à un ami ou à une amie particulièrement douée sous ce rapport et qu'on croit ne pas avoir de chance parce qu'on vise un idéal presque impossible à atteindre. Lorsqu'on réfléchit et qu'on se compare à des êtres qui souffrent réellement, on s'aperçoit alors qu'on a bien plus de chance qu'eux.

Mais admettons le cas réel d'une malchance véritable. Rien ne réussit des entreprises les plus simples ; non seulement on n'a pas de chance personnelle, mais tous ceux qui vous approchent perdent momentanément leur chance.

C'est alors une véritable étude à entreprendre pour découvrir les causes possibles de cette déveine, pour employer l'expression populaire.

On recherchera :

- Les causes physiques ;
- Les causes astrales (faible tension fluidique, signatures astrales de naissance, signes physiognomoniques, etc.).
- Les causes spirituelles (habitude de la médisance, de la calomnie, haine ou envie, absence de charité, etc.).

Les pages suivantes permettront de résoudre ces différents problèmes.

La Chance ! Mot magique et qui émeut les esprits les plus sceptiques.

Il y a des gens qui ne croient ni à Dieu ni à Diable, mais qui croient fermement à la Chance, à la veine et aussi à la guigne et à la déveine.

Or la Chance existe parfaitement, on peut même la fixer si elle fuit, l'appeler si elle s'éloigne et la constater quand elle approche !

Mais comment ?

C'est là ce que nos lecteurs vont apprendre.

Au lieu de leur donner des prophéties plus ou moins claires, des renseignements psychiques plus ou moins vagues, nous allons leur donner des enseignements pratiques et positifs.

Beaucoup d'Ecoles américaines disent que la Chance peut se fixer par un entraînement psychique et une tension spéciale de la volonté.

Elles vendent très cher des livres où ces données sont exposées en des traductions plus ou moins exactes.

Il est temps de revenir à la saine tradition et de montrer que si le domaine du Magnétisme personnel se rattache à la fixation de la Chance, ce n'est qu'accessoirement et d'une manière incertaine.

La Volonté humaine, en effet, ne forme qu'un des trois facteurs qui président à la fixation ou retour de la Chance. La Providence et la Fatalité constituent les deux autres éléments d'action qu'il nous faudra analyser et approfondir.

Si la Volonté humaine permet de modifier la sympathie ou l'antipathie des hommes et donne, par suite, une part remarquable dans la continuation d'une période de Chance d'origine humaine, la connaissance des rapports secrets, des pierres précieuses, des végétaux et des forces de la Nature permet de diriger et de prévoir l'augmentation de la Chance normale d'un individu quelconque.

Enfin, la connaissance de la réalité et de l'étendue des actions morales et de l'appel au plan divin par certaines prières permet encore de reconstituer la Chance, en découvrant les causes de son absence pour un homme ou pour une famille et, quelquefois aussi, pour un peuple.

La Chance est donc un problème véritable capable d'intéresser toute âme avide des choses mystérieuses comme tout esprit positif et désirant se rendre compte de l'origine des forces terrestres. C'est ce problème dont nous allons rechercher, en cet opuscule, les éléments constitutifs.

Partie I

LA CHANCE INDIVIDUELLE, NOMBRE INDIVIDUEL, HOROSCOPE NUMÉRAL (Année - Naissance)

Comment déterminer la Chance de chaque personne ?

La Nature a placé tout autour de nous des signes multiples qui indiquent notre place dans la hiérarchie des êtres humains.

Mais, de même qu'il a fallu de longues années de travail pour établir une classification claire des signes qui permettent de déterminer la place exacte de chaque végétal et de chaque animal, de même il faudra bien longtemps pour établir un pareil travail par rapport à l'homme.

Et cependant, nos moindres gestes, notre écriture, les lignes de notre main, les dates de notre naissance, les figures mystérieuses du Tarot permettent de déterminer les influences auxquelles nous sommes soumis et, par suite, notre chance plus ou moins grande.

Tels sont les éléments qui forceront ce premier chapitre.

Détermination de l'Horoscope de Chance

L'homme moderne se considère en général comme indépendant du reste de la Nature, ou, plutôt, son ignorance des lois astronomiques est telle qu'il ne se soucie pas du monde extérieur.

C'est tout juste si un bouleversement terrestre, éruption volcanique ou tremblement de terre, incite certains hommes à réfléchir un peu sur les forces cosmiques.

Les anciens attachaient, au contraire, une très grande importance aux phénomènes célestes, et la science du Monde astral ou Astrologie était étudiée à tous les degrés de l'enseignement, depuis les écoles élémentaires régionales jusqu'aux facultés d'Egypte si jalouses de leur initiation. L'Astrologie peut encore aujourd'hui être considérée comme la physiologie des Astres, alors que l'Astronomie n'en est que l'anatomie.

On ne peut rien comprendre aux enseignements des antiques sciences occultes sur la Chance si on ne possède pas de notions même très sommaires d'astrologie, complément de notions astronomiques que chacun doit posséder à l'heure actuelle.

Parlons d'abord des divisions du Temps.

La Terre tourne sur elle-même en 24 heures (en chiffres ronds), c'est-à-dire qu'un point de la Terre, comme Paris par exemple, se présente successivement pendant cette révolution terrestre à une série de points du ciel. Pour l'astrologue, chacune de ces rencontres d'un point terrestre et d'un point céleste forme un courant, non pas électrique, mais astral et a une signification particulière.

On a divisé en 24 divisions le temps que met la Terre à faire un tour sur elle-même et ces divisions ont constitué les heures.

Comme la Terre passe de la lumière du Soleil dans le cône d'ombre, pendant ce temps il y a des heures de jour et des heures d'ombre ou de nuit, variables selon la situation des divers pays.

En résumé, le mouvement de la Terre sur elle-même détermine les heures.

Autour de la Terre se meut un satellite la Lune.

La Lune met 28 jours (toujours sans tenir compte des fractions) à accomplir sa révolution complète. Partant de la nouvelle Lune, pour revenir à la nouvelle Lune, il faut 28 jours. C'est là le mois lunaire adopté comme division du Temps par beaucoup de peuples orientaux.

Mais, pendant ces 28 jours, la Lune change quatre fois d'aspect.

Nous avons en effet la nouvelle Lune, puis le premier quartier, puis la pleine Lune, puis le dernier quartier.

Chacun de ces aspects dure 7 jours et constitue une semaine.

On a donné à chacun des jours de cette semaine un nom tiré d'une des sept planètes étudiées par l'ancienne Astrologie.

C'est ainsi que le Lundi est le jour de la Lune ;

Le Mardi le jour de Mars ;

Le Mercredi le jour de Mercure ;

Le Jeudi le jour de Jupiter ;

Le Vendredi le jour de Vénus ;

Le Samedi le jour de Saturne ;

Le Dimanche le jour du Soleil ou du Seigneur.

En prenant le Soleil comme centre de notre système, l'ordre des planètes est le suivant, en commençant par la plus éloignée du Soleil : Saturne, Jupiter. Mars, la Terre, Vénus, Mercure, le Soleil.

Mais en considérant les choses sous leur aspect purement extérieur, comme si la Terre était le centre du Monde, l'ordre des planètes devient :

Saturne, Jupiter, Mars, le Soleil, Vénus, Mercure, la Lune…C'est là l'ordre suivi dans tous les livres d'astrologie.

La figure suivante indique d'abord les planètes dans leur ordre astrologique.

Les lignes tirées entre chaque planète indiquent la succession des jours de la semaine :

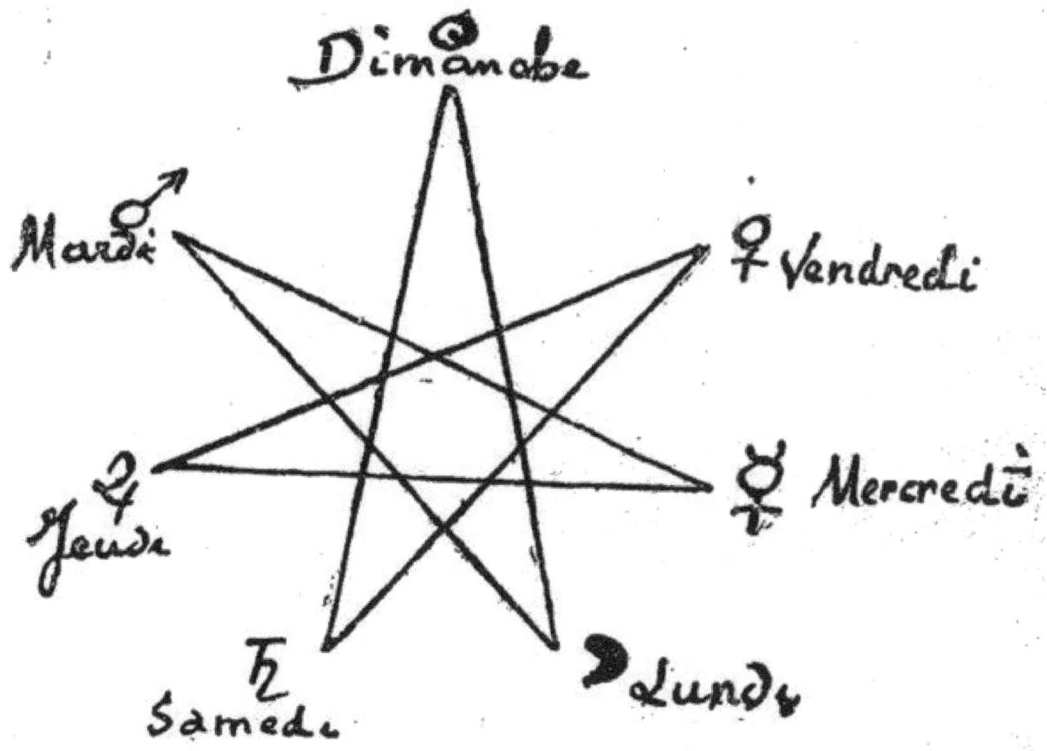

Si la Lune met 28 jours pour accomplir sa révolution autour de la Terre, le Soleil met 365 jours pour accomplir aussi sa révolution complète.

Pendant ces 365 jours, le Soleil parcourt dans le ciel un cercle qu'on a divisé en 12 sections dont chacune a été nommée d'une manière spéciale. Ainsi sont constitués les douze signes du Zodiaque.

Dans notre calendrier contemporain, les, mois lunaires sont seulement indiqués par les aspects de de la Lu.ie (N. L., P. L., etc.).

Les mois choisis sont les mois solaires constitués en divisant les 365 jours en périodes de 30 et de 31 jours avec un mois de février de 28 jours normalement et de 29 jours tous les quatre ans, pour employer les fractions de temps qui caractérisent exactement la marche du Soleil.

Retrouver le jour de la semaine qui a présidé à votre naissance.

Savoir le jour de la semaine qui a présidé à votre naissance est une des notions les plus importantes pour déterminer votre chance.

Le premier point à éclaircir pour déterminer votre chance est de savoir quel jour vous êtes né. Le calendrier suivant vous permet de le faire.

CALENDRIER PERPÉTUEL

Par Ch. BUSSY

Il existe un certain nombre de méthodes pour rechercher à quel jour de la semaine correspond telle ou telle date. En général, ces méthodes offrent quelque complication. Nous sommes heureux de présenter à nos lecteurs un procédé relativement beaucoup plus simple que nous adresse M. Ch. Bussy.

La pratique en est des plus aisées. Vous voyez quatre tableaux contenant le siècle, l'année du siècle, le mois et la date du mois. En regard de chaque siècle, de chaque année de chaque mois et de chaque date du mois, se trouve un chiffre. Pour avoir le jour de la semaine correspondant à une date quelconque, il suffit d'additionner les quatre chiffres placés en regard du siècle auquel appartient cette date, de l'année occupée par cette date dans le siècle, du mois et enfin du quantième. Si l'on cherche, par exemple, quel jour tombait le 14 juillet 1789, on remarque, en face du quantième 14, le chiffre 3, — en face de juillet, le chiffre 6, — en face de l'année 89, le chiffre 5, — en face du 18ᵉ siècle, le chiffre 5. Le total de ces quatre chiffres donne 19.

Dans un dernier tableau, on voit, en regard de chaque jour de la semaine, un certain nombre de chiffres. Le chiffre 19, est placé en regard du mardi. Donc, le 14 juillet 1789 tombait un mardi.

On voit que, pour un exemple quelconque, il suffit de faire une courte addition de quatre chiffres à trouver.

Siècles

1er	5
2e	6
3e	0
4e	1
5e	2
6e	3
7e	4
8e	5
9e	6
10e	0
11e	1
12e	2
13e	3
14e	4
16e	5
jusqu'au 4 octobre 1582	
depuis le 15 octobre 1582	2
17e	3
18e	5
19e	0
20e	2

Années

01	29	57	85	3
02	30	58	86	2
03	31	59	87	1
04	32	60	88	6
05	33	61	89	5
06	34	62	90	4
07	35	63	91	3
08	36	64	92	1
09	37	65	93	0
10	38	66	94	6
11	39	67	95	5
12	40	68	96	3
13	41	69	97	2
14	42	70	98	1
15	43	71	99	0
16	44	72	100	5
17	45	73		4
18	46	74		3
19	47	75		2
20	48	76		0
21	49	77		6
22	50	78		5
23	51	79		4
24	52	80		2
25	53	81		1
26	54	82		0
27	55	83		6
28	56	84		4

Exception : 1700, 1800, 1900 au lieu de 5. . 6

Mois

Janvier.	5
Années soulignées.	6
Février.	2
Années soulignées.	3
Mars.	2
Avril.	6
Mai.	4
Juin.	1
Juillet.	6
Août.	1
Septembre.	0
Octobre.	5
Novembre.	2
Décembre.	0

Jours

1	2	17	0
2	1	18	6
3	0	19	5
4	6	20	4
5	5	21	3
6	4	22	2
7	3	23	1
8	2	24	0
9	1	25	6
10	0	26	5
11	6	27	4
12	5	28	3
13	4	29	2
14	3	30	1
15	2	31	0
16	1		

0	7	14	21	Dimanche.
1	8	15	22	Samedi.
2	9	16	23	Vendredi.
3	10	17	24	Jeudi.
4	11	18		Mercredi.
5	12	19		Mardi.
6	13	20		Lundi.

Le nombre de la Chance

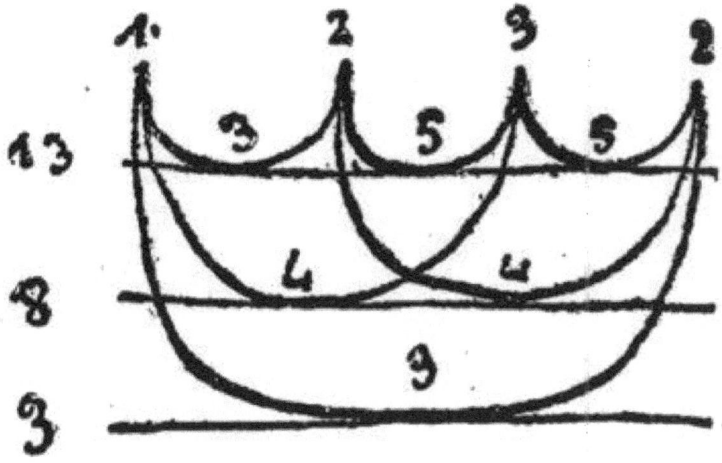

Chaque être humain possède un nombre caractéristique qui donne la clef de sa formule de Chance ou les raisons de certaines Malchances. Ainsi, plusieurs de nos lecteurs ont sûrement remarqué qu'un certain nombre accompagnait toujours les actes les plus importants de leur vie, et ce nombre est celui qui caractérise justement ces personnes. Mais il est d'autres lecteurs, ennemis par principe de toute superstition ou trop occupés d'autre part, qui n'ont pas eu à faire des remarques de ce genre. Comment, dans ce cas, trouver son nombre caractéristique ?

C'est ce que nous allons nous efforcer de déterminer.

Tout d'abord, il faut noter soigneusement la date de naissance, surtout la date du mois. Ainsi, dans beaucoup de cas, une personne née un 13 aura ce nombre comme signe de Chance dans sa vie.

Ensuite, il faut noter aussi les événements vrai. ment importants de la vie et comparer les dates avec la date de naissance quant au quantième du mois.

Enfin, si ces moyens n'étaient pas nets comme résultat, il suffirait de prendre l'alphabet avec ses rapports numéraux et de remplacer chaque lettre du nom de famille et de chaque prénom par son chiffre, puis de faire l'addition totale et la division du total obtenu par 9.

Le chiffre restant représente le nombre cabalistique.

Ce nombre une fois connu, on trouvera dans la revue l'*Initiation* [1], numéros de septembre 1904 et suivants, le travail d'Eckartshausen qui donne toutes les clefs des nombres de Chance et des nombres contraires.

Les jours de la semaine présidant aux naissances sont un guide assez utile pour la détermination de la dominante planétaire.

Les personnes nées le Lundi sont influencées par la Lune ;

Le mardi par Mars ;

Le mercredi par Mercredi ;

Le Jeudi par Jupiter ;

Le Vendredi par Vénus ;

Le Samedi par Saturne ;

Le Dimanche par le Soleil.

En retenant bien le jour qui a présidé à votre naissance, vous aurez des indications très utiles pour fixer le nombre de la Chance.

1 Rue de Savoie, 5, Paris.

Influence planétaire de la date de naissance

Quand vous avez déterminé le jour de la semaine lui a présidé à votre naissance, vous notez la Planète qui domine ce jour.

Ensuite vous cherchez dans le tableau ci-joint la Planète qui domine la date mensuelle de votre naissance.

Tableau des influences planétaires

Ainsi, si vous êtes né le 10 juillet, c'est la Lune qui domine du 6 au 17 juillet ; si vous êtes né le 10 octobre, c'est Jupiter qui domine du 6 au 15 octobre, etc.

C'est alors que vous cherchez le signe du Zodiaque qui a présidé à votre naissance, en vous souvenant que les signes du Zodiaque vont du 21 d'un mois au 21 du mois suivant, ou du 20 au 20 pour éviter les complications, en commençant par le Bélier du 20 mars au 20 avril.

Les « Notions » suivantes vous serviront à cet effet :

Notions élémentaires d'Astrologie et de Physiognomonie.

Comment on tire l'horoscope selon la naissance, ou quelle est l'influence du soleil sur chaque individu selon l'époque de sa nativité

Puisque nous avons dit que nous enseignerions les préceptes les plus sérieux, les plus vulgaires, les plus naturels de l'Astrologie, ceux qu'on peut facilement connaître et vérifier, nous allons d'abord exposer quelles lignes président à la naissance de chacun et quelle est l'influence du Soleil sur la destinée au moment où on naît.

Le Soleil a 3 périodes en chaque mois, c'est-à-dire en chacun des 12 signes du Zodiaque. Et, comme toutes les autres planètes, il opère selon chacune de ces divisions ou périodes, qu'on appelle aussi faces dans la science astrologique.

Car ils signifient une chose en la première face ou période, une autre en la seconde et une autre en la troisième.

Chaque signe du Zodiaque, ou chaque mois ou maison du Soleil, est divisé en 3o degrés ; ces 3o degrés sont divisés en 3 périodes ou faces. La première partie ou face jusqu'à 10 degrés forme la première période ; la seconde jusqu'à 20 ; le reste est pour la troisième face ; et ainsi de chaque signe ou mois.

Le Soleil dans le signe du Bélier.

(Ariès, 22 mars.)

Le premier des 12 signes du Zodiaque, ou des maisons du Soleil, est le signe du Bélier, comme vous pouvez le voir depuis que vous êtes au monde dans le plus vulgaire et le meilleur des almanachs. Ce signe s'appelle le Bélier — ou Ariès en latin, et commence le 22 mars de chaque année.

Dans les 10 premiers degrés ou jours de ce signe, le Soleil fait communément les enfants quelque peu roux, minces, ayant le ventre étroit, maigres; ils ont des amis, ils haïssent le mal et suivent les sentiers du juste et du bien ce sont des hommes de bon conseil.

Dans les 10 jours ou degrés qui suivent, c'est-à-dire depuis le dixième jusqu'au vingtième jour après le 22 mars, le Soleil fait les enfants qui naissent noirs ; mais cette noirceur n'est pas en mauvaise part, elle est l'indice de beauté, de civilité, d'honnêteté ; l'enfant est soupçonneux, colère, rusé, courageux, environné d'ennemis jusqu'à la mort.

Dans les 10 derniers degrés, c'est-à-dire du 12 au 22 avril, le Soleil fait les enfants roux, jaunes, aimant la solitude, ne rêvant qu'embûches et tromperies.

Le Soleil dans le signe du Taureau.

(Taurus, 22 avril.)

L'enfant né dans les 10 premiers jours du Taureau est diligent, prompt, avec de grands yeux, de grosses lèvres, aimant les plaisirs et les passe-temps.

Dans la seconde période, il naît enclin à des plaisirs désordonnés, moins cependant que dans la période ci-dessus ; néanmoins, il est inconstant.

Dans la troisième période, l'enfant est froid de complexion, parce qu'il est soumis aussi à Saturne, dont la conjonction est pernicieuse en ce sens.

Le Soleil dans les Gémeaux.

(Geminii, 22 mai.)

Si quelqu'un vient à naître dans la période des Gémeaux, c'est-à-dire dans les 10 jours qui suivent le 22 mai, il sera de stature modérée, ayant un corps bien formé ; il sera aussi doux, paisible et laborieux, mais les femmes le rendront malheureux et stérile.

Dans la seconde période, l'enfant aura une moindre stature ; il sera querelleur, mais il sera éloquent.

Quand la période décroît, c'est-à-dire dans les 10 derniers jours des Gémeaux, le Soleil fait les enfants bons et bien proportionnés, mais bavards et semeurs de discordes.

Le Soleil dans le Cancer.

(L'Écrevisse, 22 juin.)

NS subjectif ☿	N S L B	N S B L	S N L B	S N B L
BL objectif ♀	B L S N	L B S N	B L N S	L B N S
SL corporel ♂	S L B N	S L N B	L S B N	L S N B
NB intellectuel ☾	N B L S	B N L S	N B S L	B N S L
SB actif ♃	S B N L	S B L N	B S N L	B S L N
NL passif ♄	L N B S	N L B S	L N S B	N L S B

L'homme qui naît dans la première période du Cancer, c'est-à-dire du 22 juin au 2 juillet, est beau de corps et de cheveux il a les sourcils étroits, il aura un esprit bon et entendu et aura beaucoup d'amis.

Dans la seconde période, l'homme a les cheveux roux, une courte stature, peu de barbe.

Le Soleil, dans les 10 derniers jours du Cancer ou de l'Écrevisse, fait l'enfant gras, hébété, plein de poil aux sourcils et ayant la face enflée.

Le Soleil dans le signe du Lion.

(22 juillet.)

Le Soleil, dans la première face ou période du Lion, qui est du 22 juillet au 2 août, fait l'homme beau de corps, de couleur rouge mêlée de blanc, ayant le corps droit, les yeux tournants, les pieds malades, renommé par ses hauts faits, aimé des rois et des princes de la terre.

Dans la seconde période, l'homme est de large estomac, de membres grêles, prudent et honorable.

Dans les dix derniers jours, l'homme qui naît est de courte stature, le corps rose entremêlé de blanc, maladif, aimant les femmes et les maisons clandestines.

Le Soleil dans la Vierge.

(Virgo, 22 août.)

La Vierge, étant dans la première face du Soleil, fait l'homme de stature convenable, d'une belle figure, ingénieuse, de cheveux crêpés et fournis, d'une voix haute et résonnante, savant, mais impropre à engendrer.

Dans la seconde période, il a aussi beau visage, petits yeux, beau nez ; il est religieux, bon, savant, aimant la Vérité et la Gloire. Dans la troisième face, il est simple, beau, facile à enseigner, docile, ayant un bon sens, de la prudence et de la bonté.

Le Soleil dans la Balance.

(22 septembre.)

Le Soleil, dans la première partie de la Balance, c'est-à-dire dans les dix jours depuis le 22 septembre, fait l'enfant qui naît beau de formes, simple, laborieux, paisible, modeste, posé. Il sera quelquefois blessé à la tête.

En la seconde période, l'enfant sera pareillement beau de formes, mais il aura les yeux chassieux et pleurants, la paupière couvrant la prunelle, et clignant les yeux à demi.

Dans les dix derniers jours de ce signe du Zodiaque, l'enfant naît beau, honorable, destiné aux dignités, avec des retours vers la vieillesse.

Le Soleil dans le signe du Scorpion.

(Scorpius, 22 octobre.)

Dans les dix premiers jours de ce signe, le Soleil fait l'homme difforme, de large estomac, joyeux dans ses récits, mais cependant discret.

Dans la seconde période, l'homme grande tête, sera grand parleur.

Dans la troisième face, il sera de petite stature, avec des yeux retors, grand mangeur et coureur de mauvais lieux.

Le Soleil dans le Sagittaire.

(Sagittarius, 22 novembre.)

Le Soleil, dans la première période du Sagittaire, c'est-à-dire du 22 novembre au 2 décembre, fait l'homme beau, de grande stature et studieux de bonnes choses.

Dans la seconde période, il le fait de stature moyenne, ayant un beau regard, des sourcils étendus.

Dans les dix derniers jours, il le fait haut et beau, large et ouvert d'estomac.

Le Soleil dans le signe du Capricorne.

(Capricornus, 22 décembre.)

Le Soleil, dans les dix premiers degrés ou jours du Capricorne, fait l'homme tendre, de stature convenable, de large poitrine, fin et malicieux.

Dans la seconde période, il le fait beau, et, s'il naît de nuit, malicieux, des narines longues et un entendement subtil.

Dans la troisième période, l'homme sera très beau le corps, la face jaune, facile à se mettre en colère, aimable avec les femmes.

Le Soleil dans le signe du Verseau.

(Aquarius, 22 janvier.)

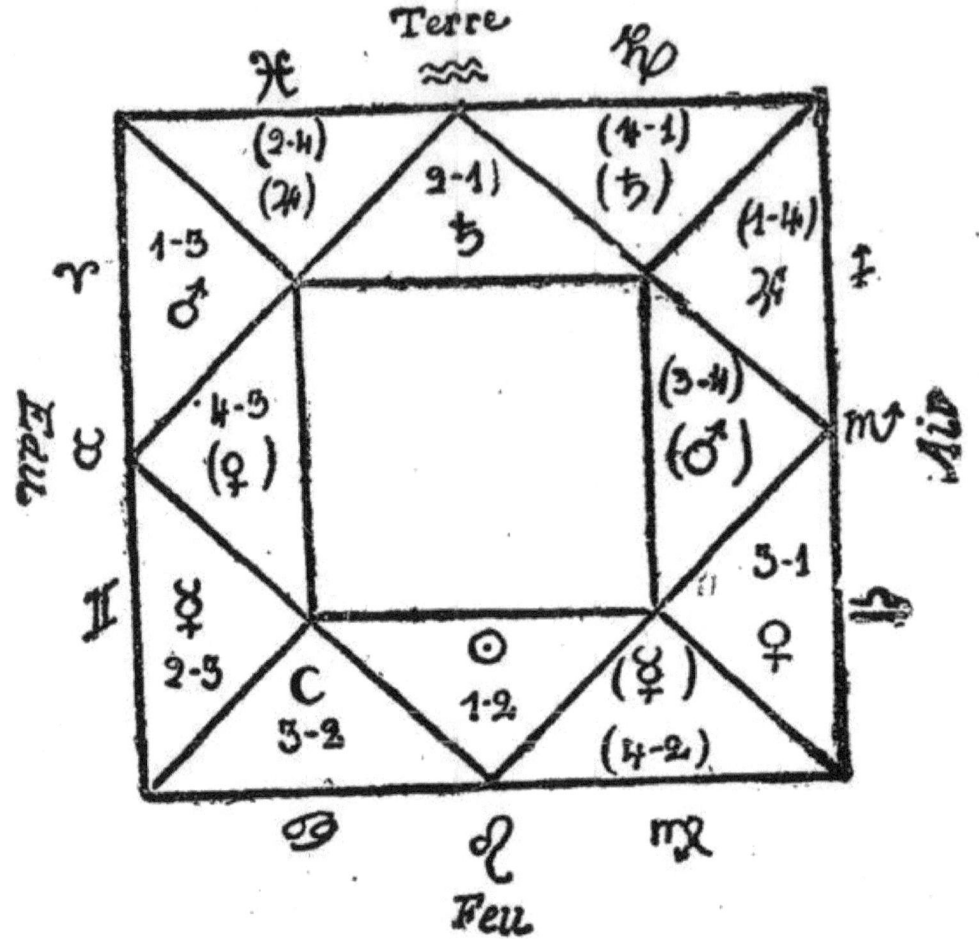

Le Soleil, dans la première face du Verseau, c'est-à-dire dans les dix premiers jours, fait l'homme beau de corps et de visage, doux et bénin en paroles, d'un commerce facile.

Dans la seconde période, il le fait long, le visage rouge, sujet à des tribulations.

Dans les dix derniers jours, c'est-à-dire du 12 au 22 février, l'homme naît court de stature, le visage vermeil, aimant les femmes. Tous les avantages du corps et de l'esprit lui échoiront.

Le Soleil dans les Poissons.

(Pisces, 22 février.)

Le Soleil étant dans les Poissons fait l'homme de corps mou et blanc, avec un large estomac, une barbe convenable, un beau front, une peau claire et nette, des yeux ouverts ; il le fait aussi charnu et honnête.

Dans la seconde période, l'homme sera de courte stature, un peu velu, léger et joyeux.

Dans la troisième période, c'est-à-dire dans les dix derniers jours ou degrés, l'homme qui naît sera beau de tous ses membres, honnête, et sa voix sera résonnante.

Il y a d'autres marques communes à divers mois ou maisons du Soleil. Ainsi, les taches rouges, la surdité, le bégaiement, la calvitie et peu de barbe sont communs à ceux qui naissent sous les signes du Bélier, du Cancer, du Scorpion, du Capricorne et des Poissons.

Les signes qui marquent l'honnêteté des femmes, leur religion, leur bonté, sont le Taureau, le Lion, le Verseau.

Les signes d'une bonne raison, d'un bon entendement sont les Gémeaux, la Vierge et la Balance, la première partie du Sagittaire et toutes les parties du Verseau.

Les signes de colère et d'aigreur sont le Bélier, le Lion et le Scorpion.

Les signes qui annoncent une voix forte sont les Gémeaux, la Vierge, la Balance. Mais ceux qui n'indiquent pas de voix sont ceux du Cancer, du Scorpion et des Poissons.

On voit qu'il y a des différences assez tranchées entre les diverses périodes d'un signe du Zodiaque, et tel qui naît petit au commencement naîtra fort dans la dernière période.

On a remarqué que le Lion, la Vierge et le Sagittaire ont une marche ascendante et que les Poissons, le Cancer et le Capricorne décroissent, ce qui, au commencement des signes du Bélier, du Lion et du Taureau, fait tendre le corps à grossir et à se fortifier; à la fin des mêmes signes, fait tendre à la maigreur et à la faiblesse. Les Gémeaux, le Scorpion et le Sagittaire tendent, dans leurs premiers degrés, à la maigreur et à la débilité, et à leur fin tendent à la grosseur et à la force.

Les autres signes ont une force à peu près égale, et l'homme en se développant sous leur influence est assez bien proportionné de tous ses membres.

Ceux qui naissent de jour, a-t-on aussi remarqué, sont plus beaux que ceux qui naissent de nuit ; car la nuit favorise les planètes pour leurs malignes influences.

Les planètes qui apportent la richesse sont Jupiter, le Soleil et Vénus; le Soleil donne aussi la prudence ; Mercure, l'éloquence; Vénus, une belle et douce parole.

On divise les constellations en quatre groupes, trois à l'Orient, trois au Midi, trois à l'Occident, trois au Septentrion.

Le Bélier est au cœur de l'Orient, ayant à gauche le Lion, à droite le Sagittaire.

Le Capricorne est au cœur du Midi, ayant le Taureau à sa gauche et la Vierge à sa droite.

La Balance est au cœur de l'Occident, ayant le Verseau à gauche et les Gémeaux à sa droite.

Le Cancer est au cœur du Septentrion, ayant te Scorpion à sa gauche, et enfin les Poissons à sa droite,

Cette disposition du ciel par les astrologues pour tirer les horoscopes, lire dans la destinée et donner des conseils sur les actes de la vie, a une signification particulière que nous rapportons ici, parce qu'elle donnera l'envie au lecteur de s'enquérir plus avant des secrets de cette science.

« Si tu veux savoir, disait un Italien à Catherine de Médicis, si tu veux savoir ce que tu dois faire, regarde les astres quand le Soleil est dans les signes de l'Orient, tu seras prospère en ta famille, tu vivras sans mal, ton sommeil sera léger si tu le tournes vers l'Orient, si tu agis en dirigeant toutes les actions de ce côté. »

De même, si nous désirons gagner quand nous commençons, quand nous achetons ou vendons quelque chose si nous espérons honneur et profit, ou telle autre chose, regardons aux signes et évitons ceux dont la conjonction est défavorable.

Ces choses, ami lecteur, n'ont rien qui effarouche : les marins, sur les océans lointains, ne naviguent pas sans consulter les étoiles, non seulement pour connaître la marche de leurs navires et les diriger, mais aussi pour connaître les vents et pronostiquer les tempêtes sous toutes les latitudes. Dieu n'a pas coordonné les mondes pour n'y pas connaître notre place, et dans la planète où nous sommes, il n'y a pas un brin d'herbe qui n'ait sa raison d'être, il n'y a pas une ligne de notre main qui ne signifie quelque chose, il n'y a pas un accident de notre vie qui n'ait sa cause et son effet.

Voilà, cher lecteur, ce que nous t'offrons en abondance, quoique succinctement ; nous nous arrêtons ici sans plus de propos, parce que si nous avançons plus loin dans l'Astrologie, il n'y a plus autant de certitude et de fondement.

Ce que nous t'avons dit ne se doit point ignorer, cependant il faut n'y avoir confiance qu'autant que tu pourras le vérifier toi-même. Nous sommes un des princes de cette science, c'est pourquoi nous te prions de ne rien faire, ne rien dire, ne rien affirmer avec trop de hâte. Surtout ne te hasarde de rien conjecturer de ces choses sans avoir bien examiné tous les signes qui président à la naissance d'un enfant ; l'homme le plus prudent se trompe ; Dieu fait souvent errer notre esprit; nous sommes tous sujets à erreur.

Ainsi, il peut advenir qu'un homme né dans le signe du Bélier soit fort sujet à se mettre en colère : toutefois il se modérera en pensant combien son vice est honteux. Alors, s'il se modère et que je le juge sujet à des fureurs, on se moquera de moi, car quoique la Nature et la Destinée le poussent à cela, néanmoins faut-il adoucir son jugement, jusqu'à ce qu'on ait bien tout considéré.

Si tu fais autrement, sois certain que tu ne prédiras rien de vrai et qu'on rira de tes pronostics.

Je te le répète parce que j'en connais qui se sont trompés lourdement sur ce sujet; ils étaient trop sûrs de ce qu'ils disaient, et, comme on dit, ils étaient à cent pieds plus loin.

Planètes de Chance. Planètes de malchance. Planètes neutres

Les planètes de Chance

Jupiter ;

Vénus ;

Le Soleil.

Celles de Malchance

Saturne ;

Mars.

Les Planètes neutres

(bonnes avec les bonnes, mauvaises avec les mauvaises)

Mercure ;

La Lune.

SIGNES

FAVORABLES CHANCE	FUNESTES MALCHANCE
Bélier	
Taureau	Vierge
Gémeaux	
Cancer	Balance
Lion	
Sagittaire	Scorpion
Capricorne	
Verseau	Poissons

Les mauvais jours de l'année

(Jours égyptiaques.)

Les astrologues d'Égypte avaient remarqué que les maladies contractées à certains moments avaient généralement une issue funeste, et que les affaires entreprises périclitaient. D'après eux, les jours et heures égyptiaques sont :

Mois	Jour	Heure		et	Jour	Heure	
Janvier	1er	à 11 h.	du soir	et	25	à 6 h.	soir
Février	4	— 8 h.	—	et	20	à 10 h.	—
Mars	1	— 4 h.	—	et	28	à 10 h.	—
Avril	10	— 8 h.	du matin	et	20	à 11 h.	—
Mai	3	— 6 h.	du soir	et	25	à 10 h.	—
Juin	10	— 6 h.	—	et	16	à 4 h.	—
Juillet	13	— 11 h.	—	et	22-23	à 11 h.	—
Août	1er	— 1 h.	—	et	30-31	à 7 h.	—
Septembre	3	— 3 h.	—	et	21	à 4 h.	—
Octobre	3	— 8 h.	—	et	22	à 9 h.	—
Novembre	5	— 8 h.	—	et	28	à 5 h.	—
Décembre	7	— 1 h.	—	et	22	à 6 h.	—

La chance d'une planète est très augmentée si la planète se trouve dans le signe du Zodiaque qui est son domicile. La table ci-dessous sera très utile à cet effet.

Parties du ciel, domicile des planète

PLANÈTES	MAISON PRINCIPALE OU DIURNE	MAISON SECONDAIRE OU NOCTURNE
Saturne	Capricorne	Verseau
Jupiter	Sagittaire	Poissons
Mars	Bélier	Scorpion
Soleil	Lion	
Vénus	Taureau	Balance
Mercure	Vierge	Gémeaux
Lune	Cancer	

Exemples pratiques.

Soit à déterminer la chance d'une personne née le 3o mars 1887.

Le calendrier Bussy nous donne le mercredi comme jour de naissance.

Influence de Mercure.

La Table des influences planétaires nous donne le Soleil comme dominant du 30 mars au 8 avril.

Le signe du Zodiaque est le Bélier (20 mars au 20 avril).

Le 30 mars n'est pas un jour égyptiaque (voir la table de ces jours).

Le Soleil, Mercure et le Bélier sont des signes de Chance.

La personne née le 30 mars 1887 a de la Chance et n'a aucune mauvaise influence soit de planète soit de signe à combattre.

Voilà une personne née le 8 mars 1885.

Elle est née un dimanche. Planète le Soleil.

Influence de Mars (table des influences planétaires, 5 au 14 mars).

Le 8 mars n'est pas un jour égyptiaque.

L'influence zodiacale est celle des Poissons (20 février au 20 mars).

Il y a bonne influence planétaire avec un signe de violence (mars).

Il y a mauvaise influence zodiacale : Poissons.

Il y a Chance personnelle et lutte contre l'extérieur pour assurer cette Chance.

La Volonté et les Forces invisibles deviennent ici nécessaires.

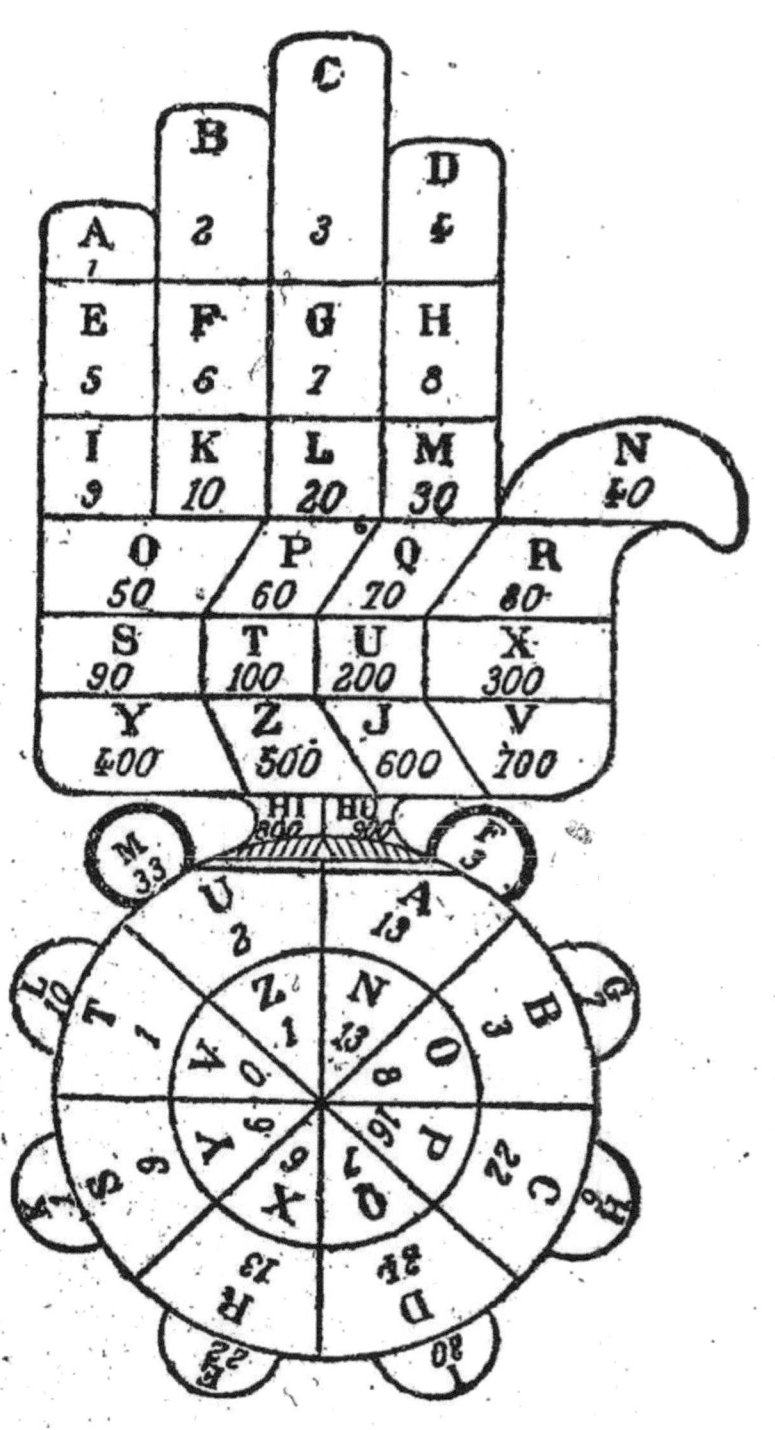

La main de Fatime

Une clef de la kabbale orientale

Joseph Balsamo, comte Cagliostro, naquit à Palerme en 1713, visita l'Egypte, l'Arabie, la Perse, Malte, Rhodes, les îles de l'Archipel et Rome, et partout il acquit des sciences qui lui assurèrent une réputation colossale dans l'art des oracles.

Il mourut au château de Saint-Léon en 1795, et c'est là, dans un vieux manuscrit, qu'il a laissé cet oracle : la *Main de Fatime*, dès longtemps en usage chez les peuples de l'Orient. et inconnu cependant jusqu'à ces derniers temps. Voici, d'après l'Orientalisme, la traduction de cet oracle ainsi retrouvé :

Cet oracle se divise en deux parties : 1° la *Main de Fatime*, ou clef des nombres individuels qui servent à déterminer, d'une façon très exacte, le caractère, le tempérament, les aptitudes d'une personne ; 2° le *Double Zodiaque*, clef de l'avenir qui sert à soulever le voile de l'avenir et à plonger ses regards dans les gouffres de la destinée. Ce *Double Zodiaque* est la partie de la figure formée de deux cercles concentriques et placée au-dessous de la *Main de Fatime*, dont elle est séparée un double trait.

Explication : 1° *La Main de Fatime*.— Pour connaître le caractère, les aptitudes, le tempérament d'une personne à l'aide de cet oracle, prendre chacune des lettres du nom et prénom de la personne, et les remplacer par les chiffres correspondants inscrits en regard de ces lettres dans les casiers qui divisent la main de Fatime. Additionnez tous les nombres donnés et vous aurez le *nombre individuel* de la personne. Pour avoir la signification de ce nombre, consulter la table de la *Main de Fatime* en observant de supprimer les mille et d'examiner à part quelle est la signification des centaines.

Exemple. — Vous voulez savoir quel est le nombre individuel de Jean-Jacques Rousseau ?

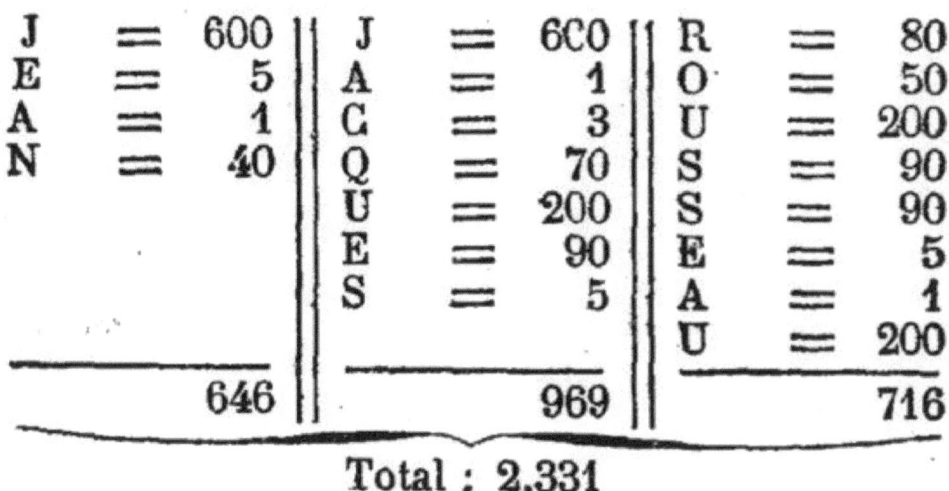

Le total étant 2331, je supprime les 2000 et conserve seulement 331 qui me donnent à la table : Foi ardente, philosophie, pour 300, amour de la gloire, pour 31, ce qui rend en effet le caractère de l'homme.

Si le nom donnait un nombre qui ne se trouvât pas à la table ou qui fût marqué « nul », il faudrait le décomposer par centaines, par dizaines et unités. Le nom de César, par exemple, donne 179.

On trouve :

100 = Faveurs, honneurs, gloire ; 70 = Amour de la science.

9 = Imperfections et douleurs, peines, attentat.

Pour Napoléon-Bonaparte on trouve 804. 800 = Empire, gloire, exil ; 4 = Témérité, largesse puissance.

Table des Réponses.

1. Passion, ambition, ardeur.

2. Destruction, mort, catastrophe.

3. Mysticisme, amour platonique, rêverie.

4. Témérité, largesse, puissance.

5. Bonheur, fortune, mariage.

6. Perfection, travail.

7. Pureté de sentiments, contemplation.

8. Amour de la justice, honnêteté.

9. Imperfections et douleurs, peines, attentat.

10. Accomplissement, raison, bonheur futur.

11. Défauts nombreux, réussites douloureuses.

12. Porte-bonheur, heureux présage.

13. Impiété, cynisme.

14. Dévoué jusqu'au sacrifie.

15. Croyance, idéal.

16. Bonheur, volupté, amour.

17. Inconstant, volage.

18. Entêtement, incorrigible.

19. Nul.

20. Tristesse, austérité.

21. Brutalité, violence.

22. Invention, prudence, mystère.

23. Calamité, vengeance.

24. Indifférence, égoïsme.

25. Intelligence, naissances nombreuses.

26. Aime à se rendre utile.

27. Fermeté, courage.

28. Faveurs, tendresse, amour.

29. Nul.

30. Noces, célébrités.

31. Ambition, gloire.

32. Hymen, chasteté.

33. Conduite exemplaire.

34. Souffrances, peines.

35. Harmonie spirituelle et corporelle, santé.

36. Grand génie, vastes conceptions.

37. Douces vertus, amours conjugales.

38. Imperfection, avarice, envie.

39. Nul.

40. Fêtes, festins, plaisirs.

41. Sans valeur morale ou physique.

42. Voyages, vie malheureuse et courte.

43. Cérémonies religieuses, apostolat.

44. Pouvoirs, pompe, honneurs.

45. Conception, nombreuse postérité.

46. Vie champêtre, abondance, fertilité.

47. Vie heureuse et longue, exempte de soucis.

48. Tribunal, jugement, ruine.

49. Nul.

50. Captivité puis liberté, bonheur.

60. Veuvage.

70. Amour de la science.

73. Aime la nature, peu l'artifice.

75. Sensibilité, affection, charité.

77. Repentir, grâce finale.

80. Maladie, guérison, longue existence.

81. Beaux-arts, culture intellectuelle.

9o. Peu clairvoyant, erreur, affliction.

100. Faveurs, honneurs, gloire.

120. Bon époux, fervent patriote.

15o. Flatterie, hypocrisie.

200. Irrésolution.

215. Calamité.

300. Foi ardente, philosophie.

313. Clairvoyance, lucidité.

35o. Naïveté, espoir dans la justice.

36o. Sociabilité, talents nombreux.

365. Calcul, intérêts, égoïsme.

400. Art, amour, emportement.

49o. Cloître, ferveur, mystère.

500. Election, honneurs, statue.

600. Victime de l'envie, succès ; catastrophe.

666. Cabale, complot, effondrement social.

700. Force, vigueur, santé.

800. Empire, gloire, exil.

900. Guerrier valeureux, croix, décorations.

1000. Ambition.

1095. Voué à la persécution, martyr.

1260. Tourments, consolation dans la vieillesse.

139o. Faiblesse physique, énergie morale.

2^0 *Le Double Zodiaque.* — Chères lectrices, chers lecteurs, désirez-vous savoir si vous êtes aimés ou si vous serez victorieux dans les luttes que l'avenir vous réserve ? Consultez le *Double Zodiaque.*

Pour cela, écrivez votre nom de baptême et celui de votre adversaire en amour ou dans la lutte future ; prenez à part la somme que chacun d'eux vous donnera en vous servant de l'alphabet du *Double Zodiaque*.

Divisez chaque somme par 9 et cherchez le nombre qui vous restera de l'un et l'autre dans les premières colonnes du tableau ci-dessous. Vous verrez quel est le nombre vainqueur de l'autre.

$$\left.\begin{array}{c}1\\2\\3\\4\\5\end{array}\right\} \text{remportera la victoire sur} \left\{\begin{array}{c}3,1,7,9\\1,4,0,8\\2,5,7,9\\1,3,6,8\\2,4,7,9\end{array}\right. \quad \left.\begin{array}{c}6\\7\\8\\9\end{array}\right\} \text{remportera la victoire sur} \left\{\begin{array}{c}1,3,5,3\\2,4,6,8\\1,3,5,7\\2,4,6,8\end{array}\right.$$

Mai 1902.

Capitaine FRANLAC.

Chance et Chiromancie

La Chance et les lignes de la main.

Demandez le secret de votre Chance à une bohémienne : elle prendra votre main gauche et vous dira les mystères de votre destinée. Dès la naissance, en effet, toutes les lignes mystérieuses de la main sont tracées, et, sans faire pour les lecteurs de ce livre un cours de lecture des lignes de la main ou chiromancie, nous allons donner quelques figures simples qui permettront aux curieuses lectrices de découvrir très vite les signes de la Chance ou de la Malchance cachés dans la main.

La Chance dans la forme de l'extrémité des Doigts.

1. Le Doigt à extrémité spatulée indique la Chance dans les entreprises matérielles.

2. Le Doigt à extrémité carrée indique la Chance dans les entreprises scientifiques.

3. Le Doigt à extrémité pointue indique la Chance en art et en diplomatie.

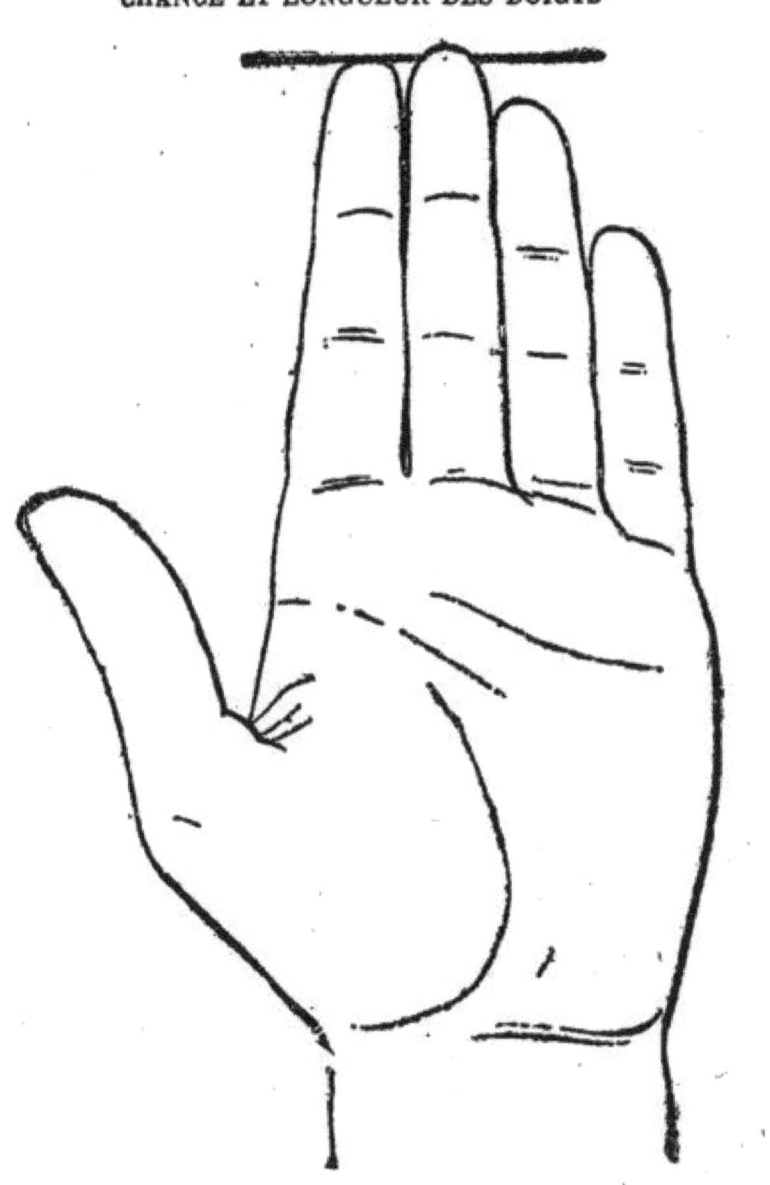

CHANCE ET LONGUEUR DES DOIGTS

L'Index (Jupiter) plus long que l'Annulaire (Apollon) indique la Chance dans les entreprises matérielles et t'amour du bonheur matériel.

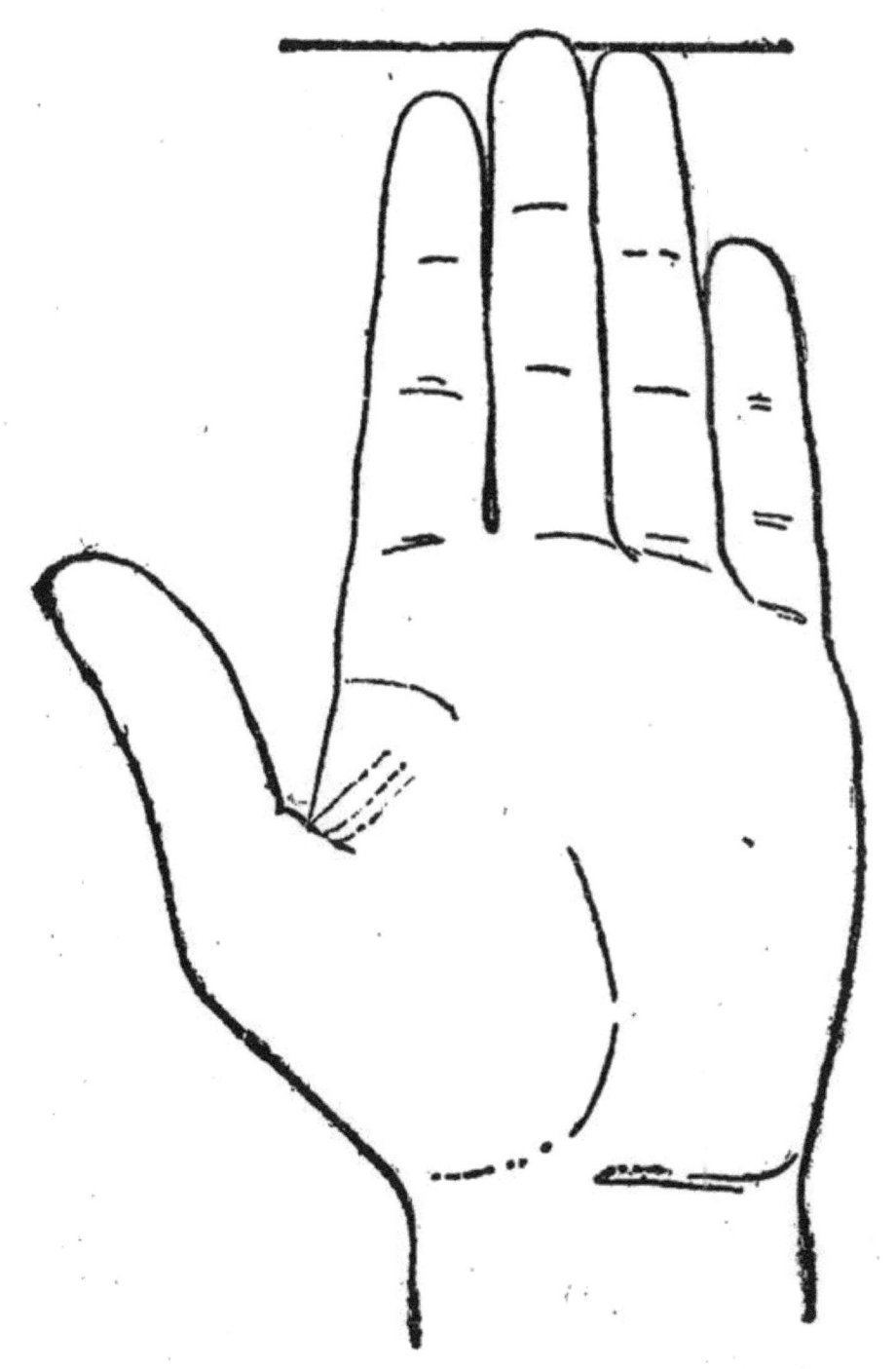

Par contre, l'Annulaire (Apollon) plus long que l'index annonce la Chance dans l'art, la gloire et la difficulté de réussir dans les entreprises purement matérielles.

LES NOMS DES LIGNES DE LA MAIN

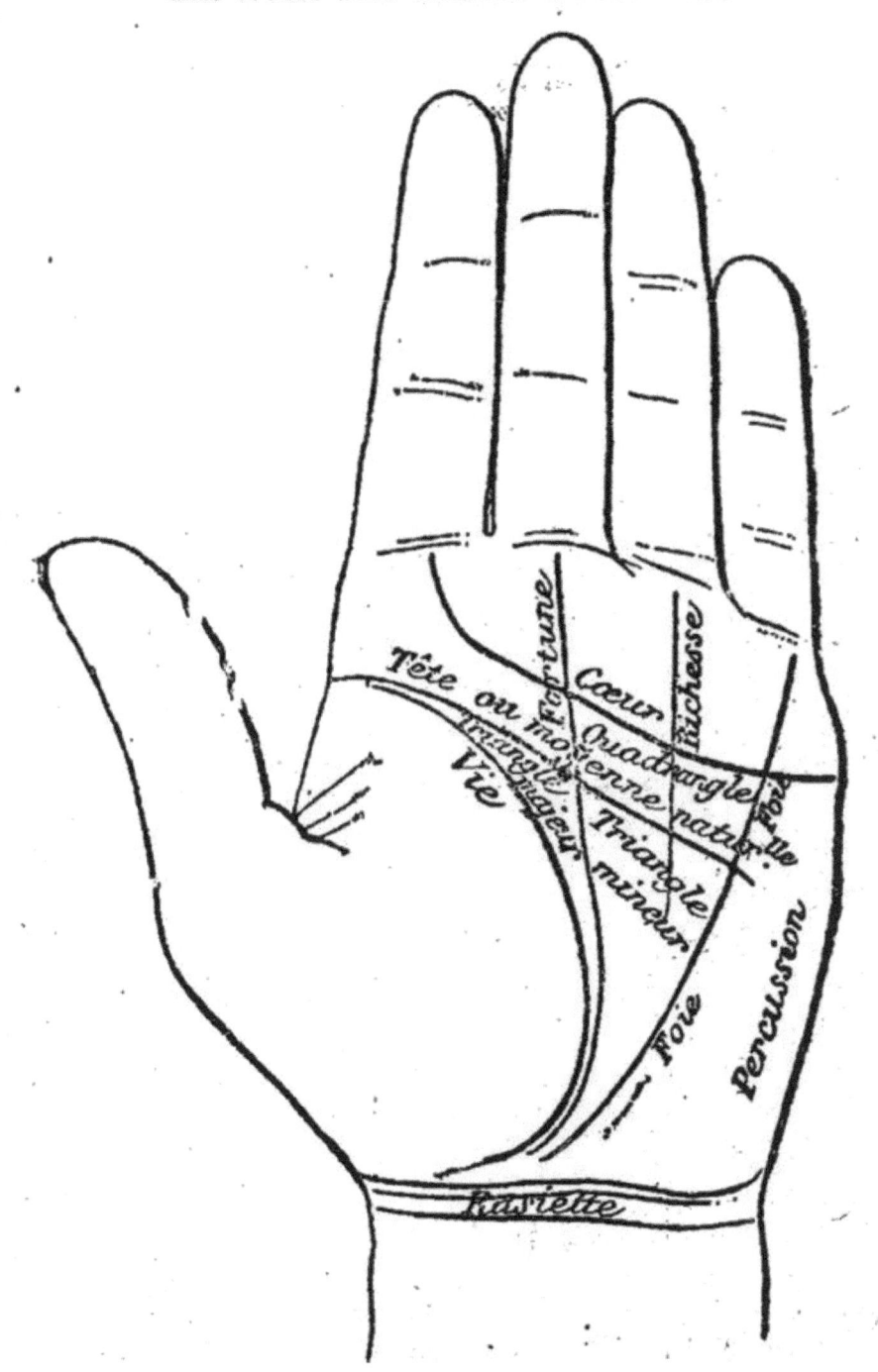

Cette figure donne le nom de chacune des lignes de la main d'après les chiromanciens. Elle servira à mieux comprendre tout ce qui a trait à la lecture des signes de Chance dans la main.

SIGNES ASTROLOGIQUES DANS LA MAIN

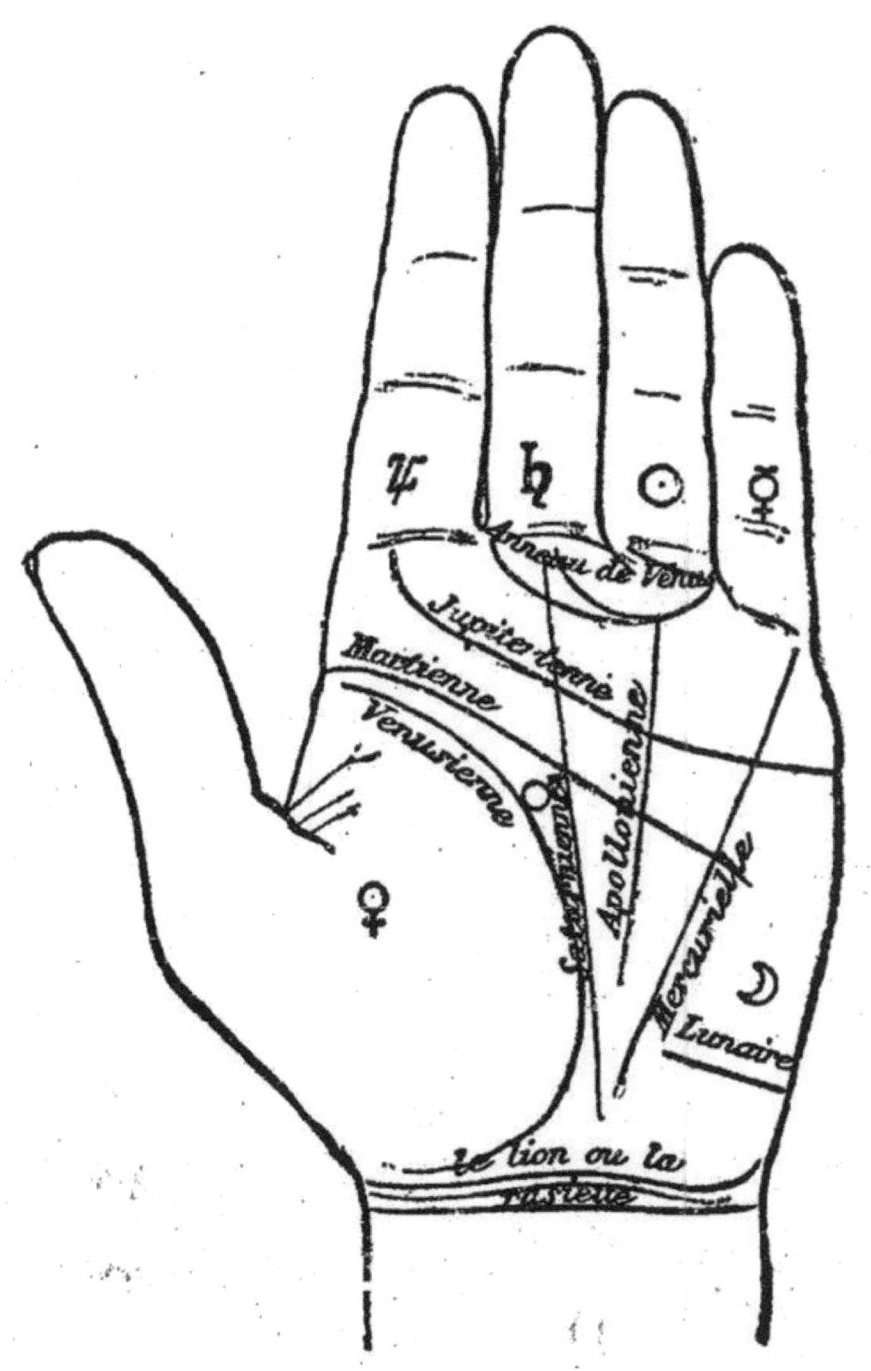

Cette figure indique les rapports astrologiques des lignes de la Main. Il est utile de la comparer avec la figure précédente.

CHANCE DANS LES AFFAIRES

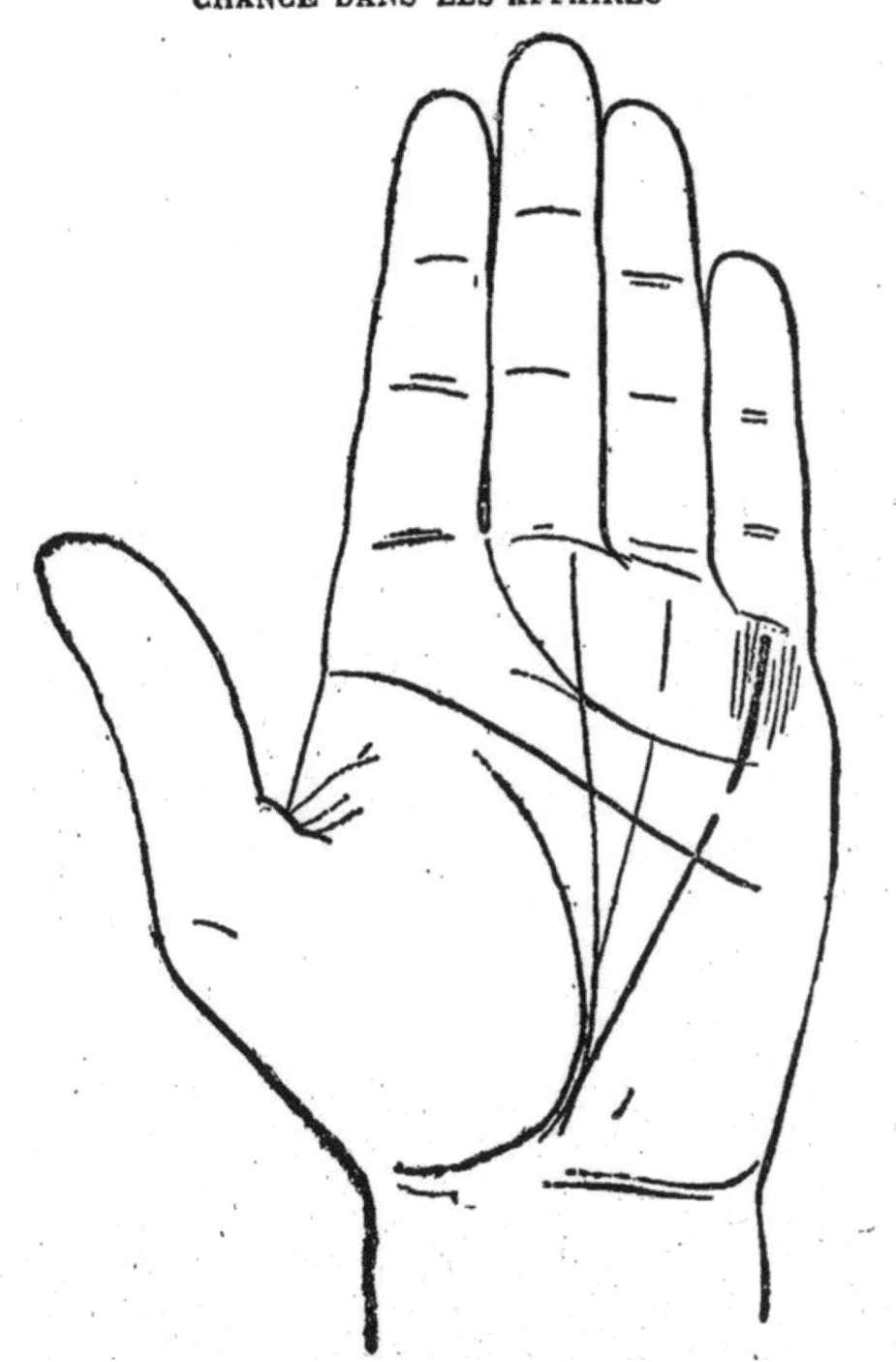

Ces lignes fines sous l'Auriculaire (Mercure) indiquent la Chance dans les études scientifiques et l'aptitude aux grandes affaires commerciales.

Une fourche sous l'Annulaire (Apollon) indique la chance de devenir riche sûrement dans le cours de l'existence.

MARIAGE D'AMOUR

Regardez si vous avez une croix sous Jupiter, c'est le signe de la chance en Mariage avec Mariage d'amour assuré.

SIGNES SECRETS DE LA CHANCE

Chacun de ces signes, écrit dans la main de la Nature ou dessiné par l'Homme sur du parchemin vierge, apporte à celui qui le possède ou le porte sur lui la Chance de la Planète figurée au début de chaque ligne.

Ces Chances sont : Jupiter.– Chance d'arriver à de hautes situations. Saturne.– Chance de Longévité. Le Soleil. – Chance de succès en Art et de Fortune. Mercure.– Chance de succès scientifiques. La Lune.– Chance dans la Famille. Mars.– Chance à la guerre. Vénus.– Chance en Amour.

La Chance et la couleur des mains.

Un des procédés les plus simples de détermination des influences invisibles agissant sur le caractère est le suivant :

Prenez une feuille de papier bien blanc et, lorsque vous êtes plusieurs personnes réunies, appliquez successivement votre main gauche à plat et la paume en dessous sur la feuille de papier blanc. Alors vous constaterez que chaque personne a une peau de couleur différente et que quatre couleurs apparaissent comme caractéristiques

Les mains à fond franchement blanc par rapport au papier: chance dans les affaires.

Les mains à teinte brune chance dans les entreprises hardies.

Les mains à teinte rouge chance dans les luttes économiques ou politiques.

Enfin, les mains à teinte jaune chance dans les arts.

Ces simples éléments suffisent à déterminer le diagnostic.

Chance et Graphologie : La Chance et l'écriture.

Sans entrer dans les détails de la Graphologie, que ses adeptes considèrent comme une Science (avec un grand S), nous dirons, le plus simplement du monde, que l'écriture étant la traduction exacte de la forme de la main, manifeste le tempérament et peut indiquer la chance ou la malchance.

Signes de Chance dans l'écriture.

Lignes montantes.

Barres des *t* en haut de la lettre.

Barres des *t* ascendantes.

Lettres liées avec écriture ascendante.

Grandes marges.

O et *a* ouverts.

Point sur l'*i* bien indiqué.

Signes de malchance à réformer.

Lignes de l'écriture descendantes.

Barres des t absentes ou placées au bas de la lettre.

Barres des *t* descendantes.

Lettres séparées et mal formées.

Absence de marges.

O et *a* en majorité fermés.

Absence de point sur l'*i*.

Partie II

MATIÈRE DES TALISMANS, SIGNIFICATION INDIVIDUELLE, ARTICLE NUMÉRAL

Les Talismans

Le langage du monde invisible c'est l'image.

Une image est comprise d'êtres qui peuvent parler des langues tout à fait différentes.

Voilà pourquoi dans les rêves annonciateurs de graves événements, dans les visions prophétiques et dans la plupart de ses manifestations, le Monde invisible communique avec les humains terrestres ou autres au moyen des figures symboliques.

Certains de ces signes constituant les éléments de la langue du Monde invisible ont été vus et fixés par les voyants pour former des moyens de communication entre les deux plans.

Les nombres et certains caractères spéciaux forment les éléments de cette langue sacrée qui sert à construire les talismans.

Les talismans influencent le plan qui rapport avec les caractères graphiques qui les constituent et les cérémonies qui ont servi à établir leur attraction astrale.

On peut employer les talismans pour fixer la Chance sur un point où elle est fugace.

Le support des Talismans

LE PARCHEMIN VIERGE

On lit souvent dans les vieux grimoires que pour écrire les prières magiques ou pour dessiner les signes hiéroglyphiques des talismans, il faut du *parchemin vierge* . Ce terme est fort obscur pour celui qui n'en a pas la clef.

Pour en comprendre la signification, il faut se souvenir que les anciens enseignaient que tout objet garde, inscrite dans son atmosphère invisible, la trace de tout ce qu'il a touché ou de tout ce qui l'a touché ou a été en contact avec lui un certain temps.

Des sujets spéciaux, appelés psychomètres, peuvent ainsi, en plaçant un objet sur leur front, faire le récit de faits qui se rapportent aux choses ou aux êtres avec lesquels ledit objet a été en rapport.

Or il était nécessaire que les parchemins servant aux opérations magiques n'eussent point d'images étrangères fixées sur eux. Aussi les anciens préparaient-ils ces parchemins avec des matériaux spécialement choisis et des peaux d'animaux très jeunes ou même mort-nés. De là l'expression de parchemin vierge.

On comprend que, de nos jours, cette antisepsie astrale soit difficile à réaliser. On peut en effet remplacer le parchemin par du papier pur fil et choisi spécialement, ou bien mieux encore par des peaux dont un seul côté est utilisé et provenant d'animaux très jeunes. Les amateurs de raretés trouveront de ces préparations chez Mme Bettina, 9 rue d'Odessa, Paris, ou chez M. Fischer, libraire, 4 rue de Savoie, Paris.

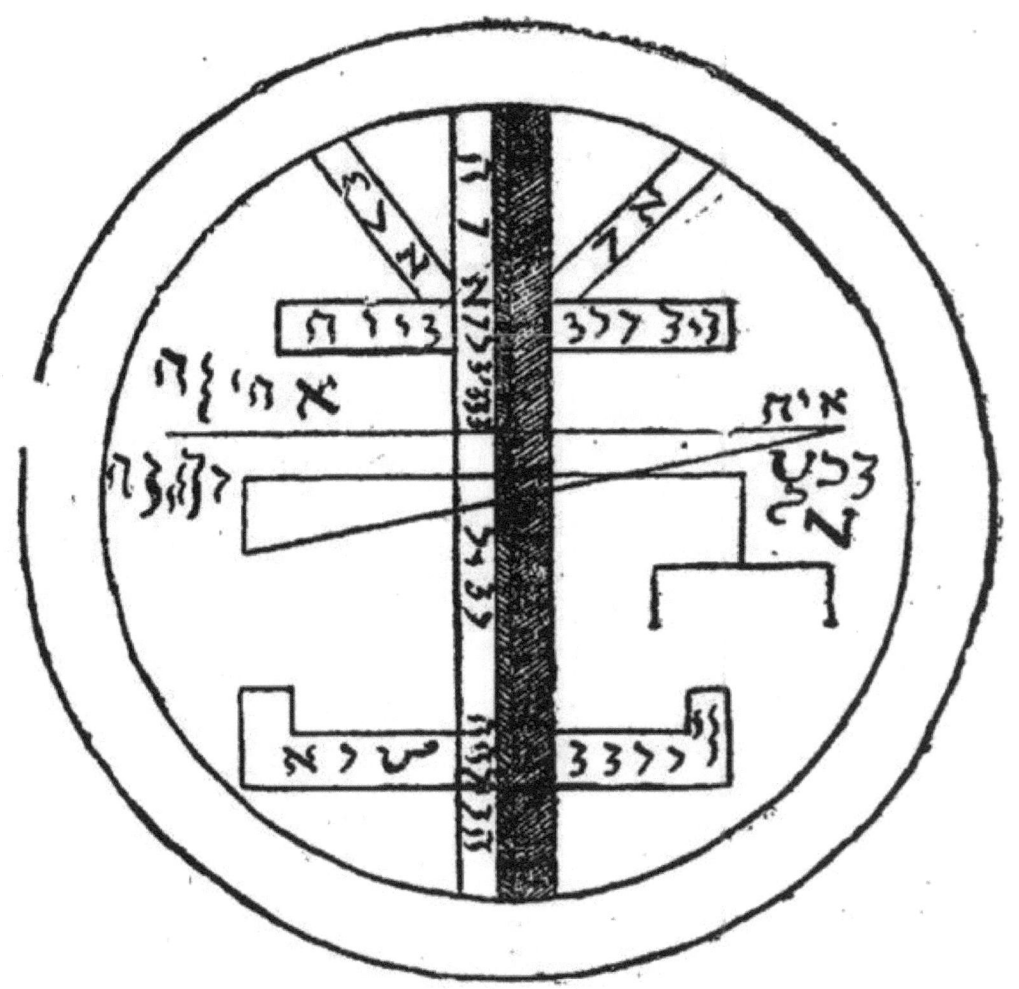

LE TALISMAN UNIVERSEL

Ce talisman, composé par Éliphas Levi d'après les arcanes de Salomon, est d'une très grande puissance pour conjurer tous les mauvais Esprits. Il délivre des obsessions et de l'envoûtement. Il doit être dessiné sur du parchemin vierge avec de l'encre d'or et porté dans un sachet de soie jaune d'or.

Le revers du talisman universel

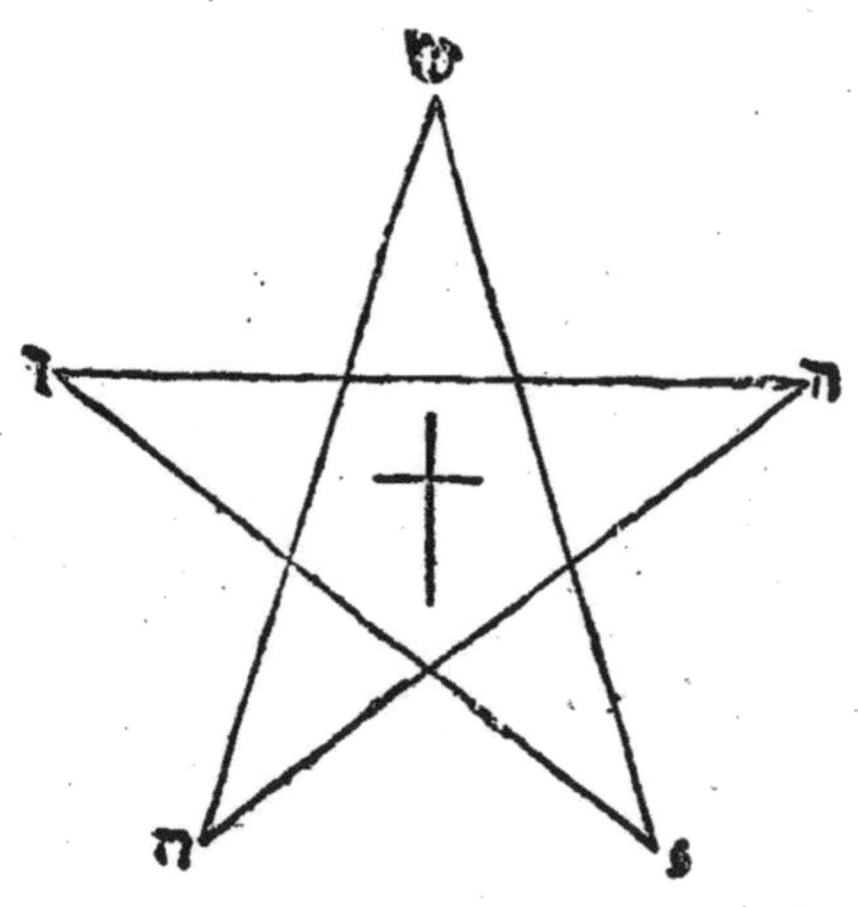

LE NOM MYSTIQUE DE N.S.

JÉSUS-CHRIST

Le Pentagramme et la Croix.

Signe de la Chance contre tous les maléfices.

Signe de retour de la Chance disparue.

LE GRAND TALISMAN DE CHANCE DES FRANCS-MAÇONS

Le plan d'action sociale de la franc-maçonnerie est enseigné au 32ᵉ degré du rite écossais.

La clef de ce plan est la constitution du Sphinx dont les éléments constituants ont été quelque peu modifiés pour dérouter les profanes.

Ce beau symbole est un véritable talisman social.

LE SCEAU DE SALOMON

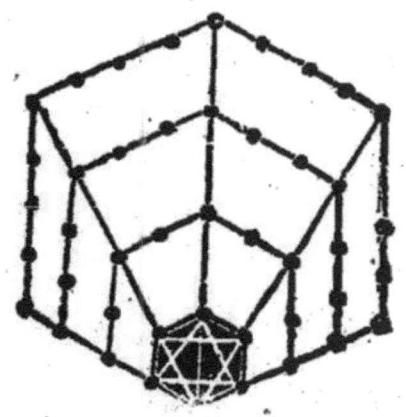

LES MYSTÈRES DE LA PYRAMIDE

LE MONOGRAMME DE CONSTANTIN

Nom du Christ et clef de la Thora, du Tarot et de la Rota. Athanor spirituel.

TALISMAN GNOSTIQUE

LE NOM DIVIN
DE 72 LETTRES
Puissant talisman
cabalistique

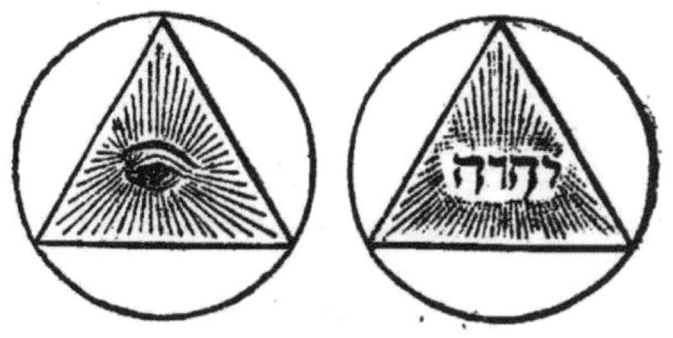

LE NOM DIVIN ET SON ADAPTATION SPIRITUELLE

Talisman cabalistique

LA SWASTIKA

Symbole du feu spirituel.
Talisman indou de grande puissance.

LE PENTAGRAMME

Clef des Forces occultes de l'homme.
Talisman très usité, surtout au moyen âge.

LE NŒUD DE SALOMON

Adaptation arabe
du sceau de Salomon

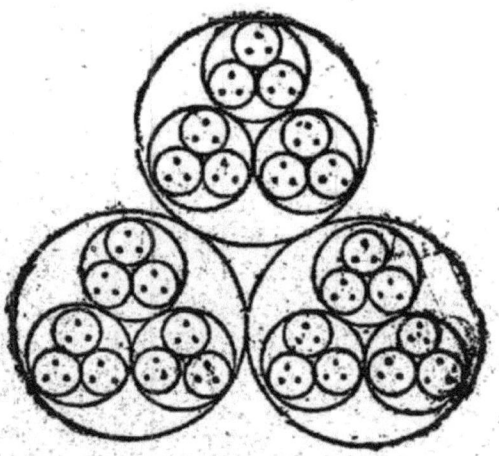

LA TRINITÉ UNIVERSELLE
Symbole scientifique.

Église de Saint-Jacques-La-Boucherie.

LES TALISMANS BATIS

Les anciens utilisaient non seulement des talismans individuels, mais encore des talismans sociaux destinés à éloigner les mauvaises influences des Collectivités.

Parmi ces derniers les cathédrales jouent un rôle considérable. Mais voici une Eglise dont il ne reste plus que la Tour, devenue la Tour Saint-Jacques. Cette Eglise a été construite aux frais de Nicolas Flamel, dit-on. La Tour Saint-Jacques est dominée par le Symbole du Sphinx adapté au Christianisme.

C'est un véritable talisman social.

LE SPHINX

Le Sphinx égyptien donnait la clef du quaternaire dans toutes ses adaptations. Décomposé en ses quatre formes constituantes Le Boeuf, le Lion, l'Aigle et la Tête humaine, il est devenu le symbole de chacun des Evangélistes. C'est un véritable Talisman bâti et le plus ancien d'entre eux.

LA CLEF DE LA CONSTITUTION DE L'HOMME PAR LE SPHINX

Voici l'explication du problème posé par le Sphinx à Œdipe : le Bœuf symbole du tempérament lymphatique, est maintenu par les jambes de l'Homme et donne la clef des fonctions abdominales : le Lion, symbole du tempérament sanguin, est maintenu par les membres thoraciques et donne la clef des fonctions de la Poitrine ; l'Aigle est maintenu par les membres céphaliques et symbolise l'imagination et le tempérament nerveux ; enfin la Tête humaine, symbole du tempérament bilieux et de la volonté, domine et dirige tous les animaux constituant l'inconscient inférieur.

Cette clef a été dessinée par Delfosse, sur les indications de Papus.

I	♃ ☿ ♀	
II		☉ ～ ♄
III	♀ ☾	
IV		♂ ♃
V	☾ ♀	
VI		☿ ☉
VII	♃ ☉	
VIII		♂ ♃
IX	☿ ♍ ☉	
X	♌	☿ ☉ ♄
XI	☉ ♏ ♂	
XII		♃ ♐

82

Chacun de ces signes se rapporte au Mois astrologique, du 20 au 20. Le premier va du 1er au 20 janvier ; le second du 20 janvier au 19 février, et ainsi de suite. Il faut graver le signe du mois ou l'on est né et le porter sur soi pour fixer la Chance.

Pour construire les Talismans

Les premiers éléments à connaître.

DIMANCHE

Œuvres de fortune.

Couleur : Jaune d'or.

Métal : Or.

Fleurs : Laurier, Héliotropes.

Parfums : Cinname, Encens mâle, Safran, Santal rouge.

Pierres précieuses : *Chrysolite ou Rubis.*

LUNDI

Œuvres divinatoires.

Couleur : Blanche.

Métal : Argent.

Fleurs : Armoise, Renoncules jaunes, Sélénotropes.

Parfums : Santal blanc, Camphre, Aloès, Ambre.

Pierres précieuses : Perles, Cristal et Sélénites.

MARDI

Œuvres de colère et de châtiment.

Couleur : Rouge.

Métal : Fer, Acier.

Fleurs : Absinthe et Rue.

Parfums : Verveine.

Pierres précieuses : Améthyste.

MERCREDI

Œuvres d'astuce et de science.

Couleurs : Bleu, Jaune-rouge.

Métal : Vif argent.

Fleurs : Narcisse, Lis, Marjolaines, Mercuriale et Fumeterre.

Parfums : Benjoin, Macis et Storax.

Pierres précieuses : Agate.

JEUDI

Œuvres de domination.

Couleur : Gris.

Métal : Airain, Etain.

Fleurs : Grenadier, Chêne, Figuier, Peuplier.

Parfums : Encens, Ambre gris, Baume, Grain de Paradis, Maïs et Safran.

Pierres précieuses : Emeraude ou Saphir.

VENDREDI

Œuvres d'amour.

Couleur : Verte.

Métal : Cuivre.

Fleurs : Violettes, Roses, Myrtes, Olivier.

Parfums : Cannelle, Verveine.

Pierres précieuses : Turquoise, Béryl, Lapis-Lazuli.

SAMEDI

Œuvres funèbres.

Couleur : Noir.

Métal : Plomb.

Fleurs : Hellébore noir, Cyprès, Frêne.

Parfums : Diagridium, Alun, Scamonnée, Soufre, Assa fœtida.

Pierres précieuses : Onyx.

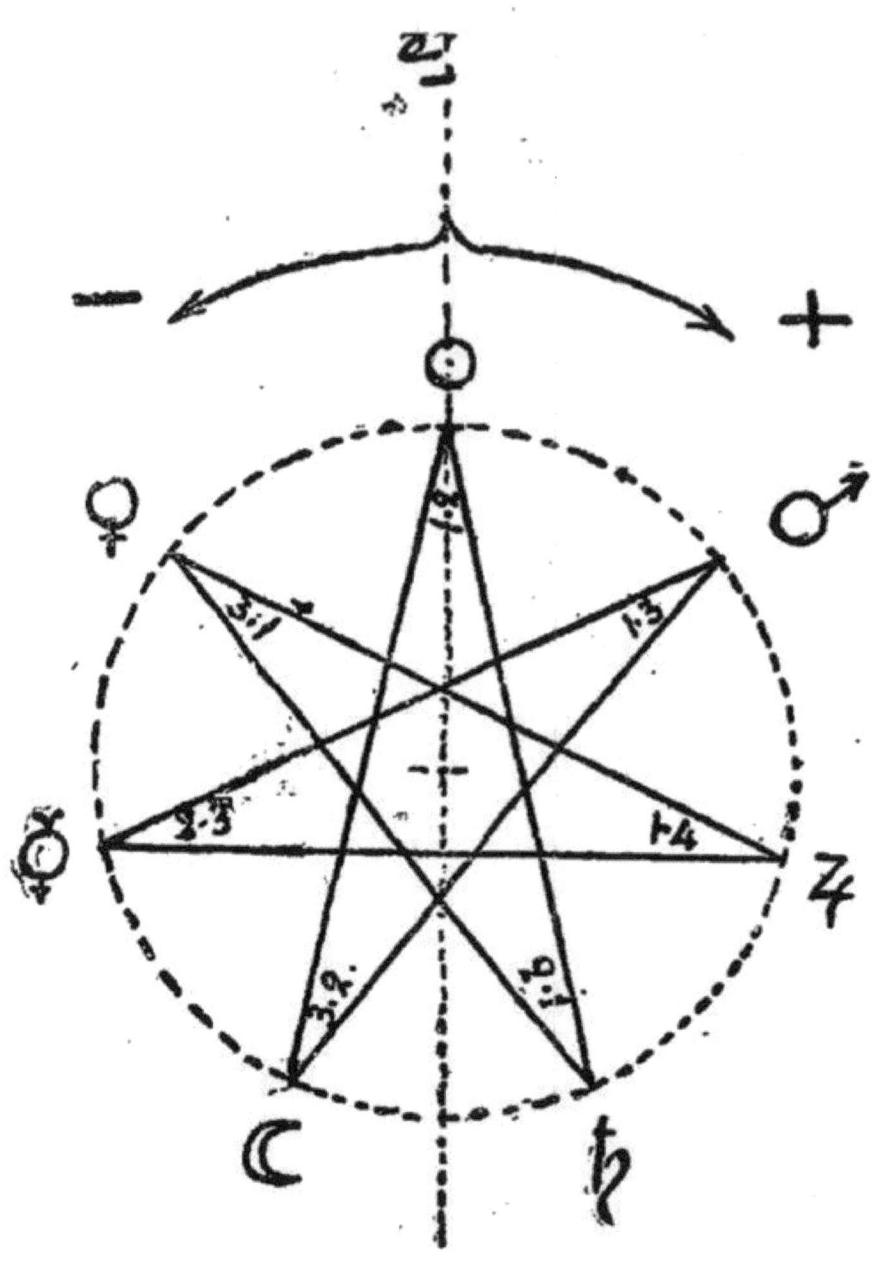

SIGNES			
IGNÉS	AERIENS	AQUATIQUES	TERRESTRES
Bélier	Gémeaux	Cancer	Taureau
Lion	Balance	Scorpion	Vierge
Sagittaire	Verseau	Poissons	Capricorne

SIGNES	
CHAUDS	FROIDS
Bélier	Taureau
sec	*sec*
Gémeaux	Cancer
humide	*humide*
Lion	Vierge
sec	*sec*
Balance	Scorpion
humide	*humide*
Sagittaire	Capricorne
sec	*sec*
Verseau	Poissons
humide	*humide*

Le Tarot des Bohémiens

Les anciens Egyptiens possédaient un livre dont chaque feuillet était une image gravée sur une feuille d'or. Ce livre servait à enseigner l'astronomie et l'alchimie aux jeunes prêtres et à donner les clefs des adaptations symboliques à tous les initiés.

Les bohémiens ont porté ce livre jusqu'à nous et la clef de la Thora, la Rota d'As-Taroth, est devenue un vulgaire jeu de cartes.

Nous avons écrit un volume pour donner la clef de ce livre, mais aujourd'hui nous donnons seulement les figures des Arcanes majeurs, dont chacune forme un véritable talisman.

Notre éditeur publiera sous peu une réédition complète des 78 figures du Tarot avec toutes leurs clefs.

Il suffit de faire tirer sept cartes au consultant et de les examiner d'après la clef ci-après pour se rendre compte si le consultant a autour de lui des influences de chance ou non.

Signes de Chance majeure.

Signes de Chance majeure.

Signes de Chance mineure.

Signes de Chance mineure.

Signes de la Malchance.

Signes de la Malchance.

La Magie lunaire

Pour composer un signe de Chance individuel qui évite de longs calculs et soit efficace, il suffit d'employer les correspondances lunaires.

La Lune subit toutes les influences en 28 jours que le Soleil subit en 365 jours.

La phase de la Nouvelle Lune correspond à l'Hiver.

La phase Premier quartier au Printemps.

La phase Pleine Lune à l'Été.

La phase Dernier quartier à l'Automne.

On peut composer les figures des talismans énumérés ci-après soit sur les métaux indiqués et les corps énumérés, soit sur du parchemin vierge ou de la peau de veau mort-né.

Il sera bon de se procurer sept crayons de couleur et de dessiner autour du talisman, avec un de ces crayons, un cercle selon le jour de la semaine où l'on compose le talisman.

Les couleurs sont : Pour le Lundi, le Blanc ; pour le Mardi, le Rouge ; pour le Mercredi, trois couleurs harmoniques (Jaune, Rouge, Vert) ; pour le Jeudi, le Gris ; pour le Vendredi, le Bleu ; pour le Samedi, le Noir. Pour le Dimanche, le cercle sera fait en Jaune éclatant ou, mieux, au moyen d'un filet d'Or.

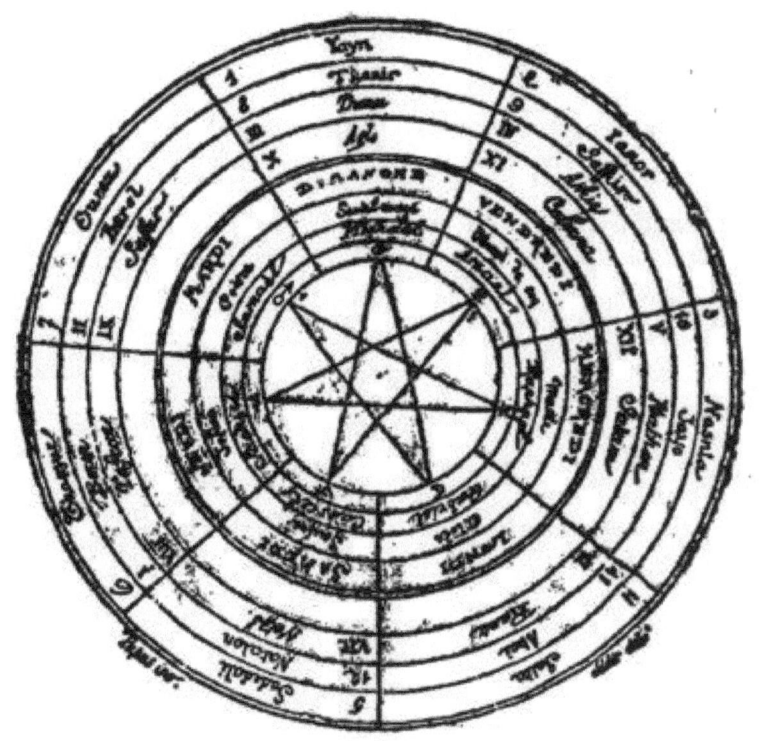

HORLOGE MAGIQUE. *Détacher le centre à l'endroit du trait double et faire tourner ce centre en amenant le jour choisi sur la première heure (comme dimanche sur la figure actuelle).*

Un talisman fait sur commande et non consacré par la personne qui doit en subir l'influence n'a pas de valeur.

Si vous avez fait dessiner par un tiers votre talisman de Chance, prenez la peine de le consacrer vous-même en traçant le cercle du jour et en le parfumant avec le parfum indiqué.

Les tableaux suivants, composés d'après les recherches les plus sérieuses sur ces matières, permettront de trouver tous les éléments nécessaires à la constitution des talismans.

C'est un véritable traité complet de Magie lunaire.

On trouvera, du reste, des détails complets sur ce sujet soit dans notre « Traité élémentaire de Magie pratique », soit dans notre revue mensuelle l'Initiation (23, rue Saint-Merri, Paris).

JOURS DE LA LUNE	MANSIONS DE LA LUNE	AUTRES NOMS des MANSIONS	Constellations dont les mansions sont composées.	SIGNES correspondants.	DEGRÉS que la lune parcourt en un jour.	
					Entrée	Sortie
1	Alnath.	Station du Poisson. Ventre de la Baleine. Cornes du Bélier.	Ventre de la Baleine et Poissons.	Bélier.	0 0	12 32
2	Albochau. Abotha.	Poisson d'Horus. Sartin. Ventre du Bélier.	Tête du Bélier.	Bélier.	12 32	25 42
3	Athoraye. Achoomazone.	Bathin. Pluviatiles ou Piciades.	Triangle.	Bélier.	25 42	∨ 8 24
4	Aldécharam. Achaomazone.	Station d'Horus. Altarieth. OEil de Taureau.	Pléiades.	Taureau.	8 24	21 24
5	Alchataya. Albanna.	Station d'Horus. Majeur. Aldebaran.	OEil du Taureau.	Taureau.	21 24	▭ 4 17

Intelligences qui président aux mansions.	INFLUENCES des MANSIONS suivant divers auteurs.	TALISMANS dont les vertus sont les mêmes que les influences des mansions.	Lettres cabalistiques correspondant aux mansions.	Personnages symboliques dont le jour de la naissance correspond à chaque mansion.
Geniel Kiaiel.	Reine de son ennemie. Maladies longues, mais non mortelles. Enfant vivra longtemps. Songes, signe de joie. Voyage. Discorde.	Homme noir, ceint et revêtu d'un silice, lançant un trait de la main droite. Gravé sur un anneau de fer scellé avec de la cire noire. Parfumé avec du storax liquide.	א	Adam.
Ened'el Hiaiel.	Réconciliation avec le prince. Bon pour voyager, engendrer, bâtir, labourer. Maladies courtes. Enfant croîtra promptement. Songes sans effet. Trésors découverts. Captifs retenus.	Roi couronné. Scellé sur de la cire blanche et du mastic. Parf. : bois d'aloès.	ב	Eve.
Amixiel Ginchiael.	Prospérité. Bonne fortune. Maladies dangereuses. Songes sans effet. Enfant ne vivra pas. Il ne faut rien entreprendre ce jour-là. Bon aux navigateurs, chasseurs, alchimistes.	Plaque d'argent. Femme bien vêtue assise sur un trône, la main droite élevée au-dessus de sa tête. Camphre et musc.	ג	Caïn.
Azariel Ginchiael.	Inimitié. Vengeance. Bon pour entreprendre. Maladies dangereuses. Songes réalisés. Enfant sera traître. Destruction des édifices. Reptiles mis en fuite.	Cire rouge. Soldat à cheval tenant de la main droite un serpent. Myrrhe rouge et storax.	ד	Abel.
Cabiel Huniel.	Faveur des grands. Mauvaises actions punies. Maladies mortelles. Songes douteux. Enfant ne vivra pas. Santé, retour favorable. Instruction des disciples. Édifices élevés.	Argent. Tête d'homme. Sandal.	ה	Lamech.

JOURS DE LA LUNE	MANSIONS DE LA LUNE	AUTRES NOMS des MANSIONS	Constellations dont les mansions sont composées.	SIGNES correspondants.	DEGRÉS que la lune parcourt en un jour.	
					Entrée	ortu
6		Enclos. Petit astre de grande lumière.	Tête des Gémeaux.	Gémeaux.	4 17	17 8
7	Alarazach. Aldimiach.	Athénaab. Bras des Gémeaux.	Epaules des Gémeaux.	Gémeaux	17 8	30 0
8	Alnaza. Anatrachya.	Coude du Lion. Coude du Nil, parce que pendant cette mansion le Nil commençait à s'élever. Nébuleuse.	Cancer.	Cancer.	☐ 30 0	12 50
9	Alcharph. Archaan.	Station de l'influence. Almathref. OEil de Lion.	Les Anes.	Cancer.	12 50	25 25
10	Aglebh. Algéliache.	Station qui s'engendre d'elle-même. Eltarph. Cerveau de Lion.	Tête du Lion.	Lion.	♋ 25 25	8 34

Intelligences qui président aux mansions.	INFLUENCES des MANSIONS suivant divers auteurs.	TALISMANS dont les vertus sont les mêmes que les influences des mansions.	Lettres cabalistiques correspondant aux mansions.	Personnages symboliques dont le jour de la naissance correspond à chaque mansion.
Dirachiel Phiginiel.	Bienveillance. Amour. Heureux pour les entreprises. Songes douteux doivent être tenus secrets. Enfant vivra longtemps. Bon pour la chasse et les sièges. Nuisible aux moissons et aux opérations du médecin.	Cire blanche. Homme et femme se tenant embrassés. Aloés et ambre.	ו	Ebron.
Scheliel Zinaïel.	Acquisitions de biens. Méchants punis. Maladies courtes. Songes réalisés. Enfant vivra longtemps. Bon pour les amants. Détruit les mouches et les opérations de chimie.	Argent. Homme bien vêtu, levant les mains au ciel en suppliant. Les parfums les plus recherchés.	ז	Mort d'Abel.
Amnediel Athaniel.	Victoire. Heureux pour les voyageurs, funestes pour les maladies. Songes réalisés. Enfants difformes. Amour, amitié. Société des voyageurs. Destruction des rats. Captifs retenus en prison.	Etain. Aigle à face d'homme. Soufre.	ח	Mathusalem.
Barbiel Tiaiel.	Infirmités. Maladies assez dangereuses. Songes réalisés. Enfants vivront longtemps. Bon pour les moissons et les voyageurs. Sème la discorde.	Plomb. Homme privé des parties de la génération et se bouchant les yeux avec ses mains. Résine de pin.	ט	Nabuchodonosor.
Ardésiel Biaiel.	Enfantement facile. Heureux pour les entreprises. Songes vains. Maladies mortelles. Enfants seront voyageurs. Amour, bienveillance. Secours contre les ennemis. Edifices élevés.	Or. Tête de lion. Ambre.	י	Noé

JOURS DE LA LUNE	MANSIONS DE LA LUNE	AUTRES NOMS des MANSIONS	Constellations dont les mansions sont composées.	SIGNES correspondants.	DEGRÉS que la lune parcourt en un jour.	
					Entrée	Sortie
11	Arbdaf. Azalbra.	Front. Elgich. Algbhet. Crinière de Lion.	Front du Lion.	Lion.	8 34	21 21
12	Alzarpha.	Alcharhau. Alzabre. Queue de Lion.	Tête de la Vierge.	Lion.	21 25	4 7
13	Alhayere.	Station d'humour. Alszarphet. Alszamach. Stachys. Chiens. Ailes de la Vierge.	Epi de la Vierge.	Vierge.	4 7	16 24
14	Acharet. Azimet. Alhumech. Alchymech.	Station de l'aboyeur. Algara. Epi de la Vierge. Epi volant.	Poitrine de la Vierge.	Vierge.	16 24	30 0
15	Algarpha. Agrapha.	Station de hauteur. Alsamach. Couverte. Couvercle volant.	Balance.	Balance.	30 0	12 31

Intelligences qui président aux mansions.	INFLUENCES des MANSIONS suivant divers auteurs.	TALISMANS dont les vertus sont les mêmes que les influences des mansions.	Lettres cabalistiques correspondant aux mansions.	Personnages symboliques dont le jour de la naissance correspond à chaque mansion.
Neciel Kekaiel.	Crainte, respect. Propre à l'émigration. Femmes dangereuses. Maladies. Enfants spirituels et vivront longtemps. Bon pour les marchands, les voyageurs et la rédemption des captifs.	Or. Homme à cheval sur un lion, d'une main le saisissant par l'oreille, de l'autre un dard. Safran.	כ	Samuel.
Abdizuel Laaiel.	Amitiés rompues. Jour malheureux. Songes vrais. Maladies mortelles. Enfants boiteux. Favorable aux moissons, navigations, plantations. Sort des esclaves adouci.	Plomb noir. Dragon combattant contre un homme. Poils de lion et assa fœtida.	ל	Chanaam.
Jazeziel Masaiel.	Paix et union conjugale. Jour malheureux. Maladies dangereuses. Songes réalisés. Enfants vivront longtemps. Bienveillance, lucre. Voyage heureux. Moissons abondantes. Rédemption des captifs.	Image d'homme en cire rouge. Image de femme en cire blanche. Les deux plaques étroitement unies. Aloès, ambre.	מ	Hérode.
Ergediel Maknaiel.	Divorce. Jour heureux. Maladies bénignes. Songes douteux. Enfants accomplis en tout. Amour conjugal. Bon pour les infirmes et les navigateurs. Nuisibles aux voyageurs par terre.	Cuivre rouge. Chien mordant sa queue. Poils de chien et de chat noir.	נ	Bénédiction de Noé.
Ataliel Kekaiel.	Nouveaux amis. Jour médiocre. Maladies non mortelles. Songes réalisés. Enfants aimeront les femmes. Trésors découverts. Puits creusés. Divorce. Discorde. Destruction des maisons et des ennemis. Nuisible aux voyageurs.	Cire blanche. Homme assis lisant des lettres. Encens et noix muscade.	ס	

JOURS DE LA LUNE	MANSIONS DE LA LUNE	AUTRES NOMS des MANSIONS	Constellations dont les mansions sont composées.	SIGNES correspondants.	DEGRÉS que la lune parcourt en un jour.	
					Entrée	Sortie
16	Azubenc.	Station propice. Algaphra. Corne du Scorpion.	Balance.	Balance.	12 51	25 17
17	Alchil.	Alzananath. Couronne de Scorpion.	Serres du Scorpion.	Scorpion.	25 17	8 36
18	Altob. Alchas.	La Couronne. Ekalit.	Cœur du Scorpion.	Scorpion.	8 36	21 25
19	Allatha. Achale.	La Queue. Alkolle. Hyeula. Ascala.	Queue du Scorpion.	Scorpion.	21 25	4 27

Intelligences qui président aux mansions.	INFLUENCES des MANSIONS suivant divers auteurs.	TALISMANS dont les vertus sont les mêmes que les influences des mansions.	Lettres cabalistiques correspondant aux mansions.	Personnages symboliques dont le jour de la naissance correspond à chaque mansion.
Azëruel Aklaiel.	Gain aux marchandises. Heureux aux maquignons. Propre pour l'émigration. Songes réalisés. Enfants vivront longtemps. Nuisible aux voyageurs, aux mariages, aux moissons, au commerce. Bon pour rédemption des captifs.	Argent. Homme sur un trône tenant une balance. Parfums suaves.	ץ	Job.
Adriel Papaigl.	Larcin, brigandage. Funeste aux entreprises. Remèdes sans effet. Songes réalisés trois jours après. Enfants heureux. Fortune plus favorable. Amour durable. Edifices élevés. Navigation heureuse.	Fer. Un singe. Poils de singe.	פ	Incendie de Sodome et de Gomorrhe.
Egibiel Mesraiel.	Infirmités. Maladies dangereuses. Songes réalisés. Enfants laborieux et riches. Fièvre. Douleurs de ventre. Discorde. Conjuration. Sédition. Vengeance. Délivrance des captifs.	Airain. Serpent repliant sa queue sur sa tête. Corne de cerf. Ce talisman disperse les serpents et autres bêtes venimeuses.	צ	Isaac.
Amutiel Képhaiel.	Recouvrement de la santé. Enfantement. Bon pour la solitude. Maladies non dangereuses. Songes réalisés. Enfants non méchants. Siège et prise des villes. Bannissement. Ruine des navigateurs. Perte des captifs.	Airain. Femme se couvrant le visage avec ses mains. Storax liquide.	ק	Pharaon.

JOURS DE LA LUNE	MANSIONS DE LA LUNE	AUTRES NOMS des MANSIONS	Constellations dont les mansions sont composées.	SIGNES correspondants.	DEGRÉS que la lune parcourt en un jour.	
					Entrée	Sortie
20	Aberahya.	La Sainte. Alschaulet. Astrocion. Station de la translation de la canicule. Poutre.	Poitrine du Sagittaire.	Sagittaire.	4 27	17 8
21	Albeldach. Abeder.	Station de grâce et d'agrément. Elmain qui produit une riche moisson. Désert.	Ventre du Sagittaire.	Sagittaire.	17 8	30 0
22	Zodcholuch.	Ville. Elbehleh. Sadabacha. Zandeldera. Pasteur.	Tête du Capricorne.	Capricorne.	30 0	12 51
23	Zobrach·	Bras du sacrifice. Saad Eldahabb. Engloutissant.	Ventre du Capricorne.	Capricorne.	12 51	25 42

Intelligences qui président aux mansions.	INFLUENCES des MANSIONS suivant divers auteurs.	TALISMANS dont les vertus sont les mêmes que les influences des mansions.	Lettres cabalistiques correspondant aux mansions.	Personnages symboliques dont le jour de la naissance correspond à chaque mansion.
Kiriel Rezaiel.	La chasse. Bon pour les entreprises. Maladies longues. Songes réalisés. Enfants méchants. Destruction des bêtes féroces. Empoisonnement. Richesses des anciens détruites. Homme contraint d'habiter un tel lieu.	Etain. Centaure-Sagittaire Tête de renard.	ר	Jonas.
Bethuzel Setaziel	Calamité. Bon pour découvrir les voleurs, pour se divertir, pour faire des provisions. Maladies dangereuses. Songes vains. Enfants laborieux. Bon pour la moisson, les voyageurs, la construction des édifices, les affaires lucratives et le divorce.	Soufre. Figure d'homme à double visage que l'on enferme dans une boîte de cuivre avec des cheveux de la personne à qui l'on veut nuire. Soufre, carabé.	ש	Saül.
Galiel Tétaiel.	Fuite. Bannissement. Ne faire aucune entreprise. Maladies dangereuses. Songes réalisés. Enfants bons et honnêtes. Fuite des esclaves et des captifs. Guérison des maladies.	Fer. Homme aux pieds ailés, la tête couverte d'un casque. Mercure.	ת	Jacob.
Requiel Tetzaiel	Sac et destruction. Bon pour acquérir des honneurs. Maladies longues et non mortelles. Songes trompeurs. Enfants laids et difformes. Bon pour le divorce, la délivrance des captifs et la guérison des maladies.	Fer. Chat à tête de chien Poils de chien.	ז	Benjamin.

JOURS DE LA LUNE	MANSIONS DE LA LUNE	AUTRES NOMS des MANSIONS	Constellations dont les mansions sont composées.	SIGNES correspondants.	DEGRÉS que la lune parcourt en un jour.	
					Entrée	Sortie
24	Sadabach.	Bras enlevé. Saül Elbecha. Chadezouath. Astre de fortune.	Queue du Capricorne.	Capricorne.	25 42	8 24
25	Sadalachia. Sadalabas.	Béatitude des béatitudes. Bras des bras. Saül. Emmanuel. Bouche de Poisson. Pham Elibhrat. Pavillon. Expansoir.	Effusion d'eau.	Verseau.	8 24	21 25
26	Alphary.	Bras caché. Saül Elachbich. Phtagal Mocaden. Premier puisard.	Verseau.	Verseau.	21 25	4 17
27	Alchatya. Achalyamond.	Station de la première germination. Alpaza. Elmakadam. Phtagal Mocaden. Second puisard.	Poissons.	Poissons.	4 17	17 8

Intelligences qui président aux mansions.	INFLUENCES des MANSIONS suivant divers auteurs.	TALISMANS dont les vertus sont les mêmes que les influences des mansions.	Lettres cabalistiques correspondant aux mansions.	Personnages symboliques dont le jour de la naissance correspond à chaque mansion.
Abremaiel. Chachaiel.	Fécondité des troupeaux. Maladies longues mais non mortelles. Songes vains. Enfants bons et honnêtes. Bienveillance des parents. Victoire des soldats. Nuisible aux opérations chimiques.	Corne de bélier, de taureau ou de bouc sur laquelle on empreint avec un fer chaud l'image d'une femme allaitant son enfant. Cette corne doit être suspendue au col du chef du troupeau.	ב	Japhet.
Aziel Dedaliel.	Abondance des biens de la terre. Maladies dangereuses. Enfants nés malheureux. Vengeance. Siège. Ruine des ennemis. Divorce. Emprisonnement. Bâtisse. Nouvelles colères. Maléfice contre le coït.	Bois de figuier. Image d'homme parlant. La fleur du figuier.	ס	Sept plaies d'Egypte.
Tayriel Staxaiel.	Volupté. Jour malheureux. Maladies mortelles. Songes vrais. Enfants passablement heureux. Union des hommes. Délivrance des captifs. Bon pour bâtir.	Cire blanche et mastic. Femme peignant ses cheveux. Parfums suaves.	ל	Passage de la mer Rouge. Mort de Saül. Mort de Jonathas.
Alheniel Tazaiel.	Sécheresse. Bon pour les entreprises. Maladies variables. Songes douteux. Enfants aimables. Bon pour les moissons et le commerce. Fait naître des infirmités. Emprisonnement. Dangers des navigateurs. Propre aux maléfices.	Terre rouge. Homme ailé tenant un vase vide et percé. La terre étant cuite, on mettra dans le vase que l'on tient la figure du storax liquide et l'assa fœtida. Plongé dans un puits, ce talisman le fera tarir.	ה	

Jours de la lune	MANSIONS DE LA LUNE	AUTRES NOMS des MANSIONS	Constellations dont les mansions sont composées.	SIGNES correspondants.	DEGRÉS que la lune parcourt en un jour	
					Entrée	Sortie
28	Albotham.	Station de la germination postérieure Elphara. Elmuchar. Alchalh. Les Poissons.	Fil de lin.	Poissons.	17 8	30 0

Intelligences qui président aux mansions.	INFLUENCES des MANSIONS suivant divers auteurs.	TALISMANS dont les vertus sont les mêmes que les influences des mansions.	Lettres cabalistiques correspondant aux mansions.	Personnages symboliques dont le jour de la naissance correspond à chaque mansion.
Ammixiel Hertraziel.	Inondation. Bon pour les entreprises. Maladies légères. Enfants paresseux. Bon pour les moissons, le commerce, la sûreté des voyageurs, l'union des époux. Emprisonnement. Trésors perdus.	Airain. Poisson. Ecailles de poisson de mer. Ce talisman jeté dans une pièce d'eau y fera multiplier le poisson avec abondance.	ⴲ	

Partie III

FAIRE REVENIR LA CHANCE PERDUE, SECRET DE LA CHANCE

Comment on fait revenir la Chance disparue

Si les renseignements élémentaires de la Physiognomonie et de l'Astrologie ont été suffisants pour déterminer le genre de Chance de chacun de nous, si les données également élémentaires de Magie permis d'esquisser l'art des talismans fixateurs de Chance, il ne peut être question des mêmes enseignements dans ce chapitre qu'il faudra méditer encore plus que lire.

La Chance disparaît chez un être pour des raisons surtout spirituelles et morales, et c'est aux enseignements les plus élevés de l'Occulte qu'il faut faire appel pour ramener la Chance disparue.

C'est au plan divin lui-même qu'il faut ici demander une solution..

Les gardiens armés qui veillent aux portes des palais, non plus que les sacs d'écus qui protègent la tranquillité des rentiers, n'empêchent la maladie où la Malchance de s'abattre sur un individu ou sur une famille. Et souvent on cherche bien loin la cause d'épreuves qui ne viennent que par notre propre faute. Cherchons donc quelques exemples typiques à ce propos.

L'homme est sur terre pour développer certaines de ses facultés intellectuelles en vue de son évolution future. Tant que ces facultés sont maintenues en bon état de fonctionnement par le travail incessant, la volonté reste assez puissante pour fixer et maintenir ces forces encore mal analysées dont l'action concordante génère cette tendance à la Chance que la volonté viendra par la suite fixer et maintenir.

Mais la volonté seule est inerte si elle n'est pas éclairée par la bonté et la véritable charité qui donne plus encore son cœur que son argent. Lorsque la Chance a disparu dans la vie d'un être ou d'une famille et qu'on cherche à la faire revenir, il faut tout d'abord résoudre un des problèmes suivants :

Y a-t-il des personnes qu'on déteste et qu'on envie sous prétexte qu'elles ont une Chance insolente alors qu'on n'en a pas soi-même ?

A-t-on des ennemis auxquels on souhaite journellement du mal ?

A-t-on l'habitude de se mêler de l'existence des autres, d'analyser et de critiquer tous leurs actes, soit en famille, soit publiquement ?

Se croit-on supérieur par quelque faculté, ou en bonté, ou en vertu à telle personne qu'on envie secrètement ?

Répondre à ces questions c'est trouver la cause de la perte de la chance et la faire revenir.

Je ne comprends pas, ma chère amie, la chance de cette Madame Machin, qui n'a pas de prévoyance et donne tout ce qu'elle pourrait mettre de côté pour ses vieux jours à une foule de gens pauvres, qu'elle va visiter au lieu de fréquenter, comme nous, des gens heureux et sachant épargner.

Nous sommes trop intelligents et nous savons trop ce que coûte la vie, pour entretenir la paresse de ces gens qui ont des enfants tous les ans et qui en arrivent à mourir de faim.

Nous ne donnons pas aux autres notre superflu et nous le plaçons toujours à gros intérêts.

Or nous ne pouvons comprendre comment il se fait que nous arrivions à perdre par des catastrophes financières notre épargne et que nous n'ayons pas de chance, alors que cette Madame Machin, qui n'a pas un sou de côté et donne tout ce qui lui rentre de superflu, a une veine inimaginable1

Pour faire revenir la Chance dans une famille qui raisonne de cette manière, il faut évidemment montrer à ces égoïstes que l'humanité forme un seul tout et que les souffrances imméritées du pauvre réagissent par des liens mystérieux sur le riche et lui enlèvent pour longtemps la Chance et la paix du cœur.

Utilisation du présent, secret de la Chance

Savoir considérer le présent sous ses meilleures couleurs est un des grands secrets de la conservation de la Chance.

Le prisonnier qui, dans sa cellule, s'écrie : « Quelle chance, j'ai de la paille fraîche ! » est bien près d'avoir trouvé le secret du Bonheur.

Beaucoup de personnes gâtent leur chance actuelle en l'empoisonnant du souvenir du Passé.

Le Passé appartient à la Mort, au Destin inexorable, le Présent est nôtre et l'Avenir est dans les lois de la Providence incitée par notre Volonté.

Or si l'on dit toujours « Ah! si j'avais fait ceci ou cela. Si à ce moment j'avais agi autrement je n'en serais pas là » et autres phrases semblables, on tue le Présent créateur qui s'use en vaines récriminations et on rejette ce Présent dans le Passé désolant.

Il faut non pas regretter le mauvais Passé mais au contraire l'oublier. Il faut s'occuper seulement d'agir dans le Présent au lieu de formuler de vains regrets, et chaque acte énergique, chaque *coup d'âme* est une garantie de fixer sur soi la jusque-là vacillante et incertaine.

La femme du monde

Voici une femme du monde, intelligente, belle, fortunée et que le bonheur semble accompagner dans toutes ses entreprises. Puis, brusquement, le rêve doré s'envole. La Malchance s'installe dans la maison, jadis si heureuse, et les désillusions succèdent aux catastrophes.

Quel est l'artisan mystérieux de ce bouleversement ?

La Femme elle-même.

Elle passait son temps à dire du mal de toutes ses amies et un peu aussi de ses meilleurs amis.

Le Mal se sème et pousse ses racines, ses tiges et ses fruits comme une plante de la terre.

C'est, pour ne pas avoir notion de cette vérité que tant d'êtres tuent leur chance.

On se croit spirituel, les amies vantent vos fines réparties, vos jugements doucement empoisonnés sur les absents et les absentes car, en leur présence, tout n'est que compliments et louanges.

Or chaque trait d'esprit, chaque, médisance dits en l'absence ou derrière le dos du calomnié sont de véritables poisons de la Chance, et on récolte toujours à un moment donné les quolibets et les calomnies qu'on a semés dans le chemin des autres.

Si vous voulez conserver la Chance, ne dites jamais de mal des absents.

Si vous voulez accroître votre Chance d'une manière inespérée, ne tolérez pas qu'un tiers calomnie une personne absente pendant que vous assistez à la conversation.

Pour guérir les médisants spirituels de leurs boutades, réservez-leur en leur présence quelques traits faits à leurs propos par d'autres méchants aussi spirituels, dans le sens parisien du mot.

Comme maîtresse de maison, comme vraie femme du monde, ne tolérez pas la médisance dans votre salon. — Changez brusquement la conversation quand une femme amie la place sur ce chapitre.

Vos amies vous remercieront et constateront avec étonnement et joie qu'elles ont toujours la chance en sortant de chez vous.

Et ainsi votre Chance personnelle se fixera et s'accroîtra chaque jour.

En résumé pour faire revenir la Chance disparue

Faire ce qui coûte avant ce qui plaît.

Vivre le présent et ne pas douter de l'assistance du Ciel pour l'avenir.

Ne pas juger les autres et ne pas dire du mal des absents.

Ne pas se croire meilleur que d'autres. L'occasion seule a souvent manqué pour que nous fassions comme eux.

Empêcher autant que possible qu'on dise devant vous du mal d'un absent.

Partager avec ceux qui en ont besoin son aide morale, son temps et son superflu, sans espoir de retour.

Pardonner à ses ennemis et ne jamais attaquer le premier devant la justice, même si l'on croit avoir raison.

Conclusion

Un proverbe dit que l'occasion n'a qu'un cheveu et que celui qui manque de le saisir peut passer longtemps à côté de son bonheur.

Ce vieux proverbe a raison. Ce qui nous occupe sur terre c'est bien davantage notre santé physique que notre santé morale. Nous cherchons âprement la fortune matérielle qui ne nous suivra pas dans un autre plan et nous délaissons les moyens d'acquérir la fortune spirituelle seule vivante dans tous les plans.

Pour acquérir cette fortune spirituelle, il faut d'abord savoir quelles sont les forces qui nous poussent et dans quel sens cette impulsion a lieu.

Les données élémentaires d'astrologie suffisent à déterminer ces conditions primordiales de toute influence extérieure agissant sur l'être humain.

Notre premier chapitre permettra de fixer pratiquement le jour de naissance et les influences qu'il détermine, puis le mois et le signe du Zodiaque correspondant à chaque naissance.

Si ces signes sont fortunés, laissez couler l'eau du bonheur et ne troublez pas le destin.

Si ces signes vous sont contraires, ne vous désolez pas. Il vous est donné de les corriger.

Apprenez alors le maniement des talismans.

Fixez les bonnes influences autour de vous. Etudiez les lignes de la main de ceux qui vous approchent. Modifiez votre écriture pour réagir sur votre mauvais caractère et la Chance se fixera au gré de vos désirs.

Mais les talismans ne suffisent pas si vous n'aug- mentez en vous les forces spirituelles.

Vous avez pour cela un moyen radical : l'exercice de la charité physique, morale ou intellectuelle et des moyens accessoires comme le pardon des injures, l'oubli de vos haines et la prière. Il n'est aucune force sur terre et dans les plans connexes qui soit insensible à l'action des forces spirituelles.

Il n'est aucune fatalité qui ne puisse être modifiée par le plan divin, et le plan mental n'est qu'un ensemble de fantômes devant les réalités du plan dans lequel rayonnent la puissance et le nom du Christ.

Ce ne sont pas là des paroles creuses ou des restes de sermon de carême, ce sont des résultats positifs de vision dans le Plan vivant où nous évoluons tous après la Mort.

Qu'importe aux puissances directrices que vous croyiez ou que vous ne croyiez pas à cette vie future et à ce plan d'existence qui continue celui-ci ?

Comme nous sommes tous appelés à y passer nous verrons bien qui dit vrai.

Mais laissons là ces sombres dissertations.

Amis lecteurs et vous gentes lectrices, ne pensez qu'au bonheur de la Vie présente.

Etudiez les mystères des Talismans d'amour. Le Mage devient parfois le Bateleur pour instruire les amoureux et les faibles. Cherchez le nombre de votre Chance et fasse le Ciel qu'il soit favorable et vous procure de longues et douces années terrestres. C'est ce que je vous souhaite tout cœur.

Note Biographique

Gérard Encausse dit Papus

Grande figure de l'occultisme et du martinisme, Gérard Encausse passa toute sa jeunesse à Paris, où il fut reçu docteur en médecine. Avant même de terminer ses études, il s'était donné pour tâche de lutter contre le scientisme de l'époque en répandant une doctrine nourrie aux sources de l'ésotérisme occidental. Encausse, qui se fit appeler Papus d'après le nom d'un esprit du Nyctameron d'Apollonius de Tyane, fut un chef de file incontesté. Il se défendait d'être un thaumaturge, un inspiré et se présentait comme un savant, un expérimentateur. Il doit ses idées à Saint-Yves d'Alveydre, mais aussi à Wronski et surtout à Éliphas Lévi et à Fabre d'Olivet. Par ailleurs, la pensée de Louis-Claude de Saint-Martin a laissé sur lui une trace profonde à partir de 1889 environ, peu après sa rupture (en 1888) avec la Société théosophique de Mme Blavatsky. C'est en 1889 aussi qu'il s'affilie à l'ordre kabbalistique de la Rose-Croix fondé par Peladan et Guaita cette année-là.

L'Ordre martiniste, créé par Papus et par Augustin Chaboseau en 1891, doit son nom au souvenir de Saint-Martin et peut-être à celui de Martines de Pasqually. Dans sa revue officielle, L'Initiation, fondée par Papus en 1888, on relevait les noms de Stanislas de Guaita, Peladan, Barlet, Matgioi, Marc Haven, Sedir, de Rochas, Chamuel. Mais, du moins pendant longtemps, les noms de Martines de Pasqually, Saint-Martin, ou Willermoz y sont beaucoup moins cités que ceux de Fabre d'Olivet et d'Éliphas Lévi. Les premiers martinistes de renom furent Paul Adam, Maurice Barrès, Stanislas de Guaita, Victor-Émile Michelet et Peladan.

D'autre part il se constitua un groupe organisant des cours et des conférences visant à faire découvrir aux chercheurs les valeurs de l'ésotérisme occidental. Il devint bientôt le cercle extérieur de l'O.M., et, après s'être appelé Ecole supérieure Libre des Sciences Hermétiques, prit finalement le nom de Faculté des Sciences Hermétiques. Les cours étaient nombreux (une douzaine par mois environ), et les sujets étudiés allaient de la Qabbale à l'Alchimie et au Tarot, en passant par l'histoire de la philosophie hermétique. Papus, Sédir, V-E Michelet, et A. Chaboseau, entre autres, jouaient les professeurs. La section Alchimie, dirigée par F. Jollivet-Castellot, est à l'origine de la Société Alchimique de France.

Ce vaste mouvement hermétique, dont Papus était l'une des âmes agissantes, est sans nul doute inséparable de la littérature symboliste de cette époque, bien qu'il fût lui-même naturellement beaucoup plus orienté vers les mystères de l'occultisme que vers les recherches esthétiques de Mallarmé ou de Villiers de L'Isle-Adam. De leur côté, les symbolistes ne trouvaient guère dans le renouveau ésotérique que des thèmes d'inspiration. Le martinisme, d'ailleurs, n'apparaît à cette époque que comme l'une des nombreuses manifestations de ce renouveau.

S'il fut un piètre historien, de la Qabbale notamment, ce Balzac de l'occultisme que fut Papus a contribué, par ses talents de vulgarisateur, à ouvrir les esprits de son temps aux sources vives de la pensée analogique et de l'imagination créatrice (Les Disciples de la science occulte, Paris, 1888; Traité élémentaire d'occultisme, Paris, 1898; Traité méthodique des sciences occultes, Paris, 1891; L'Occultisme contemporain, Paris, 1887...etc...)

En automne de 1905, Nicolas II, aux prises avec les troubles sociaux, l'appela à Tsarskoïe Selo pour lui demander conseil. Papus évoqua alors, au cours d'une opération magique, l'esprit d'Alexandre III, qui préconisa la répression et annonça une révolution de grande envergure. Papus affirma au tsar que cette révolution n'éclaterait pas tant que lui-même serait vivant. L'assistant de Papus, le "Maître Philippe", jouit aussi d'une grande autorité morale auprès du tsar, à qui il avait prédit la naissance du successeur au trône, mais la venue de Raspoutine l'évinça. La visite de Papus à Nicolas II, séjour auréolé de mystère, n'est qu'un épisode parmi d'autres dans cette vie étrange mais féconde et, somme toute, imprégnée de rayonnante bienfaisance.

Bibliographie de l'auteur

Ouvrages publiés avant 1890

Hypothèses, Coccoz, 1884

L'Occultisme contemporain, Carré, 1887

Le Sepher Jesirah, Imprimerie Arrault, 1887

Les Disciples de la science occulte : Fabre d'Olivet et Saint-Yves d'Alveydre, Carré, 1888

Traité élémentaire de science occulte, Carré, 1888

Le Tarot des Bohémiens, Carré, 1889

La Légende d'Hiram, Carré, 1889

La Pierre Philosophale, preuves irréfutables de son existence, Carré, 1889

Bibliographie raisonnée de la science occulte, Librairie du Merveilleux, 1890

L'Occultisme, Librairie du Magnétisme, 1890

Le Spiritisme, Librairie du Magnétisme, 1890

Considérations sur les phénomènes du spiritisme, Librairie des sciences psychologiques, 1890

Ouvrages publiés entre 1891 et 1895

Essai de physiologie synthétique, Carré, 1891

Le Groupe Indépendant d'Études Ésotériques, Chamuel, 1891

Traité méthodique de science occulte, Carré, 1891

Traité synthétique de chiromancie, Carré, 1892

La Cabbale, Carré, 1892

La Science des Mages et ses applications théoriques et pratiques, Chamuel, 1892

Peut-on envoûter ?, Chamuel, 1893

Traité élémentaire de magie pratique, Chamuel, 1893

Anarchie, indolence et synarchie, Chamuel, 1894

L'Etat de trouble et l'évolution posthume de l'être humain, Chamuel, 1894

L'Anatomie philosophique et ses divisions, Chamuel, 1894

Annuaire de l'homéopathie, Chamuel, 1894

De l'état des sociétés secrètes à l'époque de la révolution française, Chamuel, 1894

L'absorption cutanée des médicaments, Chamuel, 1894

La Doctrine d'Éliphas Lévi, Chamuel, 1894

L'Illuminisme en France : Martines de Pasqually, Chamuel, 1895

Le Diable et l'occultisme, réponse aux publications "satanistes", Chamuel, 1895

Les Arts divinatoires, Chamuel, 1895

Ouvrages publiés entre 1896 et 1900

Le cas de la voyante de la rue de Paradis, Éditions de l'Initiation, 1896

Lumière invisible, médiumnité et magie, Éditions de l'Initiation, 1896

Les Rayons invisibles et les dernières expériences d'Eusapia devant l'occultisme, Éditions de l'Initiation, 1896

La Maison hantée de Valence-en-Brie, Éditions de l'Initiation, 1896

Premiers éléments de chiromancie, Chacornac, 1896

Catholicisme, satanisme et occultisme, Chamuel, 1897

La Magie et l'hypnose, Chamuel, 1897

Du Traitement externe et psychique des maladies nerveuses, Chamuel, 1897

L'Âme humaine avant la naissance et après la mort, Chamuel, 1898

Du traitement de l'obésité locale, Chamuel, 1898

Premiers éléments de lecture de la langue sanscrite, Chamuel, 1898

Considérations sur la thérapeutique de la tuberculose, Chamuel, 1898

Mémento des principales découvertes anatomiques, Carré, 1898

Martinésisme, Willermosisme, Martinisme et Franc-Maçonnerie, Chamuel, 1899

La thérapeutique de la tuberculose, Chamuel, 1899

Qu'est-ce que l'occultisme ?, Chamuel, 1900

Comment est constitué l'être humain, Chamuel, 1900

Congrès international de psychologie, Éditions de l'Initiation, 1900

Ouvrages publiés entre 1901 et 1905

L'enseignement méthodique de l'occultisme, Ollendorff, 1901

L'Occulte à l'Exposition, Éditions de l'Initiation, 1901

L'Occultisme et le Spiritualisme, Alcan, 1902

Comment on lit dans la main, Ollendorff, 1902

La Bicyclette grosse routière, Chacornac, 1902

L'Illuminisme en France : Louis-Claude de Saint-Martin, Chacornac, 1902

Ouvrages publiés entre 1906 et 1910

Conférences ésotériques, Durville, 1908

Le Livre de la chance, Librairie des publications populaires, 1908

Le Tarot divinatoire, Librairie hermétique, 1909

Pour combattre l'envoûtement, Durville, 1910

Précis de physiologie synthétique, Durville, 1910

Premiers éléments d'astrosophie, Publications de l'École hermétique, 1910

Ce que doit savoir un maître maçon, Ficher, 1910

Ouvrages publiés entre 1911 et 1915

La Réincarnation, Dorbon, 1912

Premiers éléments de lecture de la langue égyptienne, Dorbon, 1912

Premiers éléments de lecture de la langue hébraïque, Dorbon, 1913

Premiers éléments de morphologie humaine, Chacornac, 1913

Premiers éléments d'expérimentation psychique, Éditions de Mystéria, 1913

Premiers éléments d'homéopathie pratique, Éditions de Mystéria, 1913

Comment faire un bon mariage, Éditions de Mystéria, 1914

Et la voix disait, Dorbon, 1915

Ouvrages posthumes

Ce que deviennent nos morts, La Sirène, 1918

Initiation astrologique, La Sirène, 1920

Le Faust de Goethe, Chacornac, 1921

La Pensée, son mécanisme et son action, Éditions du Sphinx, 1921

ABC illustré d'occultisme, Dorbon, 1922

Traité méthodique de magie pratique, Chacornac, 1924

La Science des nombres, Chacornac, 1934

Traité élémentaire d'occultisme et d'astrologie, Dangles, 1936

Ouvrages collectifs

PAPUS (en collaboration avec Charles BARLET, Eugène NUS, Dr FERRAN, Julien LEJAY et Stanislas DE GUAITA), **La Science Secrète**, Carré, 1890

PAPUS (sous la direction de), **Bibliographie méthodique de la science occulte**, Chamuel, 1892

PAPUS et DELIUS, **Anatomie et physiologie de l'orchestre**, Chamuel, 1894

PAPUS et SÉDIR, **L'Almanach du Magiste**, Chamuel, 1894 à 1899

NIET (PAPUS et Jean CARRERE), **La Russie aujourd'hui**, Juven, 1902

PAPUS et DONATO, **L'Almanach de la Chance et de la vie mystérieuse**, Librairie hermétique, 1910

PAPUS et TEDER, **Rituel de l'Ordre Martiniste**, Dorbon, 1913

Collaboration à des revues

L'Initiation (1888-1912)

Le Voile d'Isis (1890-1898 et 1905-1909)

La Plume (1892)

The Rising Sun (1892)

Lumière d'Orient (1892)

La Thérapeutique intégrale (1897-1914)

L'Initiateur (1904-1905)

L'Hiram (1907-1910)

Mystéria (1913-1914)

Les Prophéties du Mois (1915-1916)

Table des matières

La Chance.	5
Partie I	8
Comment déterminer la Chance de chaque personne ?	9
Détermination de l'Horoscope de Chance	10
Retrouver le jour de la semaine qui a présidé à votre naissance.	15
Le nombre de la Chance	17
Influence planétaire de la date de naissance	20
Planètes de Chance. Planètes de malchance. Planètes neutres	34
Les mauvais jours de l'année	36
Parties du ciel, domicile des planète	38
La main de Fatime	42
Chance et Chiromancie	50
Chance et Graphologie : La Chance et l'écriture.	64
Partie II	66
Les Talismans	67
Le support des Talismans	68
Pour construire les Talismans	84
Le Tarot des Bohémiens	91
La Magie lunaire	98
Partie III	114
Comment on fait revenir la Chance disparue	115

Utilisation du présent, secret de la Chance	118
La femme du monde	119
Conclusion	122
Note Biographique	125
Bibliographie de l'auteur	128